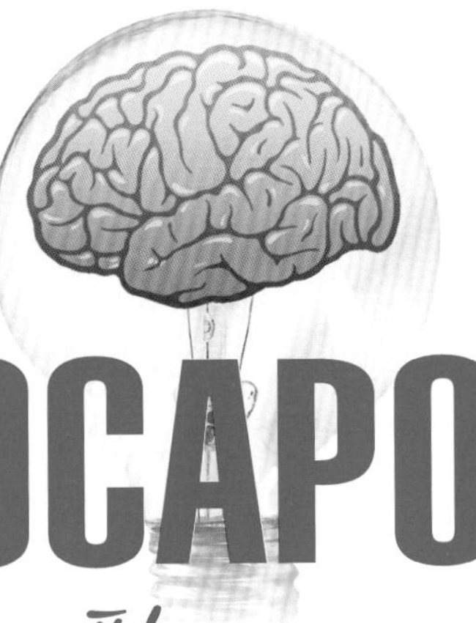

VOCAPOD

뇌 속에 팍 꽂히는 소리단어

[보카팟]

최종근 지음

북스힐

2쇄를 내며…

모든 것은 변한다.

오직 변하지 않는 것은 '모든 것은 변한다'는 사실만 변하지 않을 뿐이다.

이 책이 처음 세상에 나온 지 5년이 흘렀다. 5년 동안 10만 명이 넘는 사람들이 이 책의 내용을 접하였음을 숫자로 확인할 수 있었다. 그 과정에서 이 책을 접한 사람 대부분이 이 책을 영어 공부하는 방법과 원리 등에 관한 책으로 이해하고 있음을 또한 확인할 수 있었다. 그것이 저자로서는 매우 의외였다. 책이 품고 있는 겹겹의 의미를 잘 알고 있는 저자로서 독자들이 가장 깊은 곳의 의미를 지나치고 눈치채지 못하였다면 책을 잘 못 쓴 것이 아닌가 생각해 보게 하였다.

이 책은 '인간들 언어의 뇌 속 구조를 모델링 하여 언어의 생성과 유통 원리'를 설명한다. 그 속에서 '영어의 원리'를 설명하고, 그리고 '어떻게 하면 영어를 빠르게 배워 익힐 수 있는가'를 설명하고 있다. 이와 같은 내용을 뿌리와 줄기와 잎으로 하여 쓰여 있다. 나무를 볼 때 줄기와 잎이 눈에 보이는 것은 당연하다. 그러므로 독자들은 틀리지 않았다. 설령 나무의 뿌리를 보지 못하였다 하여도.

종이 기술의 문화 속에서만 영어(외국어)를 배울 때가 있었다. IT 기술은 종이 기술과 차원을 달리하는 기술이다. 그런 IT 기술이 속도를 높여가며 변하고 있다. IT 기술이 4차 산업혁명을 향해 치닫고 있는 지금은 5년 전 이 책이 출간될 때와 그 모습이 또 다르다. 모든 것은 변한다는 사실을 눈으로 느끼게 해 주고 있다.

이 책에는 IT 기술을 이용하면 영어를 빠르게 체득할 수 있게 하는 방법이 가능하다고 써져 있다. 말로만 가능하다고 논하는 것은 누구나 할 수 있다. 보여 주는 것이 실증하는 것이고, 실증하는 자만이 진실을 논할 수 있다. 나는 이 책이 진실을 논하고 있다는 것을 보여주고 싶다.

이 책에서 논하였던 (단어=소리 단어+이미지+글자 단어, 문장=단어의 배열) 방법을 온전히 구현한 학습&평가 앱(프로그램)을 만들고 있다. 2017년, 지금의 IT 기술로 이 책에서 논하였던 모든 영어 학습 방법을 적용하고 있다.

기술은 변하여도 언어의 원리는 변하지 않을 것이므로 10년 뒤에는 그때의 IT 기술이 적용되어 다시 태어날 것이다. 10만 명이 넘게 이 책을 접하였고, 이 책의 2쇄를 내게 되는 지금 이 시점에 맞추어 '보카팟 ABC'라는 앱(프로그램)으로 2018년 보일 것이다. 혼자서 '보카팟 ABC'를 준비하는 데 10년이 걸렸다. 2008년에 책을 쓰기 시작하였고, 책에 써져 있는 영어학습 방법의 콘텐츠를 준비하였고, 이 콘텐츠에 IT 기술을 입혀 완전한 모습을 갖추는 것이 2018년이라면 분명히 10년이 맞다.

바람이 있다. 아주 큰 바람이 있다.

우리나라의 어린이, 청소년들이 영어하나를 배우는 데 이렇게도 많은 시간과 노력과 에너지와 비용을 들이고 있는 작금의 현실이 혁신되기를 희망한다. 그렇게도 많은 시간과 노력과 비용을 들이고도 영어의 문을 열고 들어가는 사람이 극소수인 작금의 왜곡된 현실이 바로 펴지길 희망한다. 국가적으로 이 엄청난 비효율과 이 엄청난 국민 에너지 소모와 이 크나큰 물적 비용 낭비의 현실이 극점의 종점이 되기를 희망한다. 그리하여 우리나라의 모든 공교육을 받은 사람들이 초등학교, 중학교, 고등학교, 12년 만의 교육 속에서도 '보카팟 ABC'와 함께 영어가 자유롭게 되는 세상이 되기를 희망한다.

상식적인 노력으로 영어능력이 특권이 아닌 보편 능력인 우리나라가 되기를 희망한다.

또 하나의 바람이 있다. 아주 작은 바람이다.

이 책은 사람들의 언어가 어떻게 생성되고 유통되는지 그 구조적 모습을 또한 말하고 있다. 저자는 그것을 의도하였었다. 영어의 원리와 학습방법이 줄기와 잎이라면 이것은 땅속에 자리 잡고 있는 뿌리에 해당된다. 이 언어의 구조는 인간이 다른 동물과 다른 인간이게 하는 이유의 이유이기도 하고, 사유할 수 있다는 인간의 그 사유가 무엇인지 알 수 있게 해 주는 사유이기도 하고, 인간들이 종국에 생각하는 로봇을 만들 수 있는지 없는지 그 질문의 답을 생각하게 하는 생각의 열쇠이기도 한 것이다. 이 책을 통하여 언어의 본질을 말하고자 하였던 것이다.

아주 작은 바람이지만 이 책을 읽는 독자들이 이 뿌리의 맛도 조금 맛볼 수 있기를 희망한다.

한국산업기술대학교 A313 연구실에서.

2017. 8. 27
무상 최종근

머리말

푸른 바다와 끼룩대는 갈매기가 나는 낙도의 초등학교 교실
마천루처럼 높은 빌딩 꼭대기의 학원 강의실
늦은 밤까지 불빛을 꼭 껴안고 있는 대학 도서관
아이를 생각하며 퇴근하는 어머니의 뇌리 속에는
하나의 공통점이 있다.
어찌하면 모국어처럼 영어를 잘할 수 있을까 하는 마음이다.

지하철에서 이어폰을 귀에 꽂고 흥겨워하는 학생들
손이 보이지 않게 자판을 두들기는 오퍼레이터
아름다운 산수화를 그리는 노(老)화가
정확한 발음으로 지구촌 소식을 전하는 CNN 앵커
남대문시장 난전에서 손뼉을 치며 '골라~골라'를 외치는 상인
여기에는 하나의 공통점이 있다.
학생, 오퍼레이터, 화가, 앵커, 상인의 능란한 행동과 표정들이
모두 뇌의 지시를 받고 있다는 것이다.

우리가 무의식중에 보이는 행동과 무수히 내뱉는 언어들은
모두 뇌 속에 기억되었다 입과 몸짓으로 밖으로 표출된다.
GPS에서 보내는 신호를 내비게이션이 받듯
뇌는 아주 자연스럽게 우리 몸에 메시지를 전달한다.

뇌 속의 정보들은 신경세포를 통해
빠르고 명확하게 언어로 표현된다.

뇌 속에 정보는 무엇으로 기억될까? What!
또 그 정보는 어떻게 밖으로 표출될까? How!
왜 그런 방식으로 구현될까? Why!
우리는 이 세 가지를 알아야만
영어를 모국어처럼 잘할 수 있는 단서를 찾을 수 있다.
이 책은 이러한 질문에 대해 상세하게 서술하고 있다.

과학과 기술의 발전은 경험만으로 "영어공부 이렇게 해라" 하는 식의 영어공부 방법론을 거부하게 만들었다. 이 책은 언어와 뇌의 상호작용을 연구하여 만든 '과학화된 영어 학습 방법'이다.

그러므로 이 책은 이 땅의 '영어를 외국어로 배우는 모든 사람'들에게 매우 유익할 것이라 믿어 의심치 않는다. 영어 때문에 딜레마에 빠졌던 사람들, 아무리 노력해도 영어단어 하나 제대로 머릿속에 기억되지 않는 사람들, 자녀의 영어공부 때문에 속상해하던 부모들을 위해 최상의 길잡이가 될 것이라고 자부한다.

최소의 비용과 시간을 투자하여 최대의 효과를 누릴 수 있는 작지만 큰 책이다. 이 책에서 소개하는 방법으로 영어공부를 한 사람이라면, 국경과 종교를 초월하고 학문의 벽도 허물 수 있는 통섭(通涉: Consilience)의 세계를 열어갈 것이다.

2011. 1. 11

무상 최 종 근

차례

I

영어를 위한 15가지 WHAT

우리 인간은
자연세계의 실재 모습을 결코 볼 수 없다.

자신의 언어능력만큼
자신의 의식세계를 볼 뿐이다.

그것이 그가 보는 세상의 전부가 되고,
자연세계의 실재 모습이 된다.

01 영어(언어)가 운동이라고?

사람이 말을 하거나 듣는 것은 걷고, 뛰고, 움직이는 것처럼 즉각적인 감각과 운동의 산물이다. 결코 많은 시간을 생각해서 답을 얻는 행위가 아니다.

반면 암호를 해독하는 것은 전형적인 사고 행위에 해당된다. 정도의 차이는 있겠지만 학교에서 공부하는 수학, 과학, 역사 등의 학습 또한 복잡한 사고 행위에 속한다. 이러한 학문들은 모두 고유한 개념과 논리를 갖고 있다. 우리는 먼저 개념과 논리를 배우고 익혀서 그에 맞게 문제를 생각하고 해결한다.

사고 행위는 자극이 있은 후 대뇌에서 운동 명령을 내릴 때까지 어느 정도의 시간을 필요로 한다. 마찬가지로 공부할 때 자극이 들어오면, 문제를 해결하고 반응할 때까지 사람마다 일정 시간이 요구된다. 즉 자극과 반응 사이에 적지 않은 시간이 소요되는 것이다. 이때 걸리는 시간으로 사고 행위와 운동 행위가 구별된다. 사고 행위에 비해 자극부터 반응까지 운동 행위에 걸리는 시간은 채 1~2초도 걸리지 않는다.

운동을 잘 하려면 반복훈련이 필요할까, 아니면 복잡한 사고가 필요할까? 복잡한 사고는 운동능력을 떨어뜨리는 요인이 될 수 있다.

그런데 우리나라의 영어 교육제도와 프로그램은 영어 학습을 처음부터 끝까지 수학, 과학처럼 일종의 사고 행위로 규정하여 훈련시키고 있다. 아직 운동능력도 획득하지 못한 아이들에게 복잡한 사고능력만 주입시키는 꼴이다.

학교교육은 제한된 시간을 문법, 독해, 작문 등 사고능력 향상에 대부분 할애하고, 남는 시간은 제대로 준비되지 않은 프로그램으로 학생들에게 말하기·듣기 훈련을 시킨다. 당연히 훈련 결과가 운동능력 향상으로 나타날 리가 없다.

말하기·듣기 훈련에 대한 운동능력 향상이 뚜렷이 나타나지 않으면 학생들은 표면적으로 효과가 있어 보이는 사고능력 향상 쪽으로 점점 기운다. 그리고 이런 악순환의 고리는 계속 반복된다.

선생님들 또한 과학적으로 분석된 운동 훈련 프로그램이 없다보니, 책만 있으면 쉽게 준비할 수 있는 사고능력 향상 쪽에 중점을 둔다. 양쪽 모두 특별한 성과 없이 중학교 3년, 고등학교 3년의 제한적이고 소중한 6년을 허비하고 만다.

대학에 가서도 상황은 별반 달라지지 않는다. 왜냐하면 그렇게 하는 것이 영어공부의 전부인 줄 믿고 있기 때문에 계속해서 열심히 공부한다. 그것도 아주 열심히 사고 행위만 한다. TOEFL이나 TOEIC 공부도 실질적인 운동능력 향상이 아니라 오직 시험점수를 잘 받기 위해 준비한다.

특히 말하기·듣기의 경우는 시험을 위한 최소한의 운동능력만을 준비한다. 말하기와 듣기는 전신운동인데도 손가락 또는 발가락만 까딱거리며 최소한의 몸만 움직이는 정도라고 할까.

이러한 행위는 공식적으로 160개 국가의 TOEFL, TOEIC 성적 순위 평가에서 나타난다. 우리나라의 경우 토플 평균 성적은 160개국 가운데 중하위권, 말하기와 듣기 성적은 최하위권인 실정이다.

이와 같은 전체적인 순위를 떠나 자신의 영어 능력을 객관적으로 평가해보면 그것이 의미하는 바를 쉽게 깨달을 수 있을 것이다.

영어공부는 사고 행위가 아니다. 영어공부는 운동 행위이고, 운동이다. 처음부터 끝까지 말하고 듣는 운동 행위인 것이다.

물론 문법과 글쓰기와 독해 같은 사고 행위가 아예 필요 없다는 말은 아니다. 그것은 전체가 아닌 영어의 일부로서 꼭 필요하다.

하지만 영어공부는 운동으로 시작해서 운동으로 끝나야 한다. 영어는 운동이고, 언어가 곧 운동이기 때문이다.

02
영어를 이해하지 않고 느낀다고?

일상의 언어는
이해하는 것이 아니라
감각처럼 느끼는 것이다.
마치 피아노 소리를 듣는 것처럼……

소리에 의한 말은 태생적인 것이고, 글은 소리를 바탕으로 하는 후생적인 것이다. 때문에 말은 미각·촉각·후각·시각·청각처럼 소리의 의미를 두뇌에서 일차적으로 느낀다.

하지만 글은 그렇지 않다. 글자는 소리를 시각적 기호로 나타낸 것이다. 소리가 없는 글자만으로는 그 의미를 알 수 없다.

지금 눈으로 이 글을 읽고 있는 여러분도 자신을 자세히 관찰해 보라. 마음속으로 소리를 내면서 글을 이해하고 있는 자신을 발견할 것이다.

아무리 속독훈련을 받은 사람일지라도 중요한 단어들은 자신도 모르게 마음속으로 단어를 중얼거리면서 그 의미를 이해한다. 즉, 소리를 일차적 배경으로 해서 이차적으로 느끼고 이해하는 것이다. 따라서 글은 이차적 느낌이라 할 수 있다.

소리가 빠진 글은 어떻게 될까? 그것은 죽은 언어(死語), 즉 사멸된 언어다. 라틴어나 산스크리트어가 그 대표적인 예라 할 수 있다.

소리가 빠진 글은 결코 이차적으로도 느낄 수 없다. 다만 코드(암호)를 풀듯이 오직 풀어서 이해할 뿐이다. 비록 사어라 할지라도 발음체계는 남아있기 때문에 이것을 학습하는 사람은 자신만의 소리와 함께 글자를 익히고 기억한다. 따라서 코드를 풀듯이 글을 이해할 때도 당사자는 자신만의 소리를 같이 내면서 작업하게 된다.

비슷한 예를 우리나라 사람들이 중국 한자를 사용할 때 볼 수 있다. 조선시대까지 사람들은 한자의 우리말 음을 사용해 글을 배우고 써왔다. '하늘 천, 땅 지, 검을 현, 누를 황……' 이처럼 한자를 음과 훈을 함께 소리 내면서 배웠기 때문에 '知彼知己 百戰百勝'을 '지피지기 백전백승'이라고 소리 내어 읽으면서 뜻을 이해한다.

소리를 내지 않고는 읽지도, 뜻을 빠르게 파악하지도 못한다. 아무 소리도 내지 않고 오직 글자만 보고 그 의미를 파악하는 것은 마치 코드를 읽는 것과 같다.

반대로, 글자를 보여주지 않고 소리만 낸다면 다른 사람들이 그 의미를 제대로 알아들을 수가 없다. '지피지기 백전백승'은 이미 널리 알려지고, 많이 들었기 때문에 이해할 수도 있다. 하지만 한 번도 들어 본 적 없는 한자음 소리를 귀로 듣기만 해서는 그 뜻을 알 수가 없다.

예를 들어 금강경에 나오는 '응무소주 이생기심'이라는 말은, 한자를 쓰지 않고 소리(음)만 낸다면 그 말의 의미를 쉽게 알 수 없다. 비록 말하는 사람은 뜻을 알고 말한다 해도, 듣는 사람이 무슨 말인지 이해할 수 없어 의사소통이 불가능하다.

소리가 빠진 글자에 대한 예를 멀리 라틴어나 산스크리트어, 한자 등에서 굳이 찾을 필요 없다. 바로 한국의 영어 교육이 소리가 빠진 언어교육의 대표주자이기 때문이다.

지금 이 글을 읽고 있는 분들은 학교에서 이미 영어 교육을 받았거나, 현재 영어공부를 하고 있는 사람일 것이다. 그렇다면 한 가지만 물어보자.

당신은 영어를 원하는 대로 유창하게 말하고, CNN, BBC, 디스커버리 등의 뉴스나 다큐멘터리 또는 미국 드라마 등을 자유롭게 듣고 이해할 수 있는가? 영어를 공부한 지 3년이 지났는데도 "아니요, 그렇게 되는 게 꿈이에요"라는 식의 대답을 한다면 당신은 그동안 뭔가 잘못된 영어공부를 했거나 현재 하고 있다는 증거다.

잘못된 영어공부의 핵심 원인은 바로 '소리가 빠진 영어공부'다. 우리나라의 학생들은 예외 없이 여기에 해당된다. 즉, 자기 혼자만의 '나 홀로 영어'를 하는 것이다. 오직 자기만의 소리, 의사소통이 안 되는 소리, 글의 코드를 풀 때만 소용되는 소리 등 죽은 소리로만 영어를 학습하고 있는 것이다.

언어는 이해하는 것이 아니라 느껴야 한다. 한국에서 영어를 배운 사람들은 오직 영어를 코드 풀듯 해독해서 이해하려 한다. 그러면 결코 영어를 느낄 수 없다. 바로 영어의 소리가 없기 때문이다.

그렇다면 영어를 느끼기 위해서 무엇을 어떻게 해야 할까. 우선 사람은 무엇을 감각하고 느끼는지에 대한 기본적인 이해가 필요하다. 지금부터 그것들을 하나하나 살펴보자.

03
인간은 무엇을 느낄까?

옛날에는 '눈이 사물을 본다. 귀가 소리를 듣는다. 코가 냄새를 맡는다. 혀가 맛을 느낀다. 몸이 촉각을 느낀다'라고 했다. 지금도 이 말은 가장 보편적인 표현으로 사용되고 있다.

오늘날 중·고등학교 수준의 과학 세계에 들어오면 오감을 다음과 같이 가르친다.

사물이 반사하는 빛의 상이 망막의 시신경세포에 맺히고 뇌로 전달되어 사물을 본다. 소리의 파동이 고막을 거쳐 달팽이관의 청신경세포를 자극해서 뇌로 전달되어 소리를 듣는다. 냄새, 맛의 분자들이 코의 후각상피와 혀의 미각신경세포(미뢰)를 자극해 냄새와 맛을 느낀다.

이는 일반인에게는 매우 과학적인 것처럼 느껴지지만 과학적인 관점에서는 뭔가 부족해 보인다. 오감으로 느낀다는 앞의 설명은 너무 복잡하고 또한 제각각이다. 빛을 느끼고, 소리를 느끼고, 냄새를 느끼고, 맛을 느끼고, 촉감을 느끼고…….

눈·귀·코·혀·몸이 느끼는 게 모두 다를까? 촉각 하나만 따져보아도 나무를 만질 때, 물을 만질 때, 부드러운 솜을 만질 때 등, 온갖 물건들을 만질 때마다 다르게 느끼고 각각 다른 어떤 느낌들이 뇌로 전달될까? 또 그것이 두뇌에 전해진 후에는 어떻게 될까?

현상은 복잡해 보여도 이치는 간단하다. 우리가 느끼는 것은 신경세포의 전기적 신호 변화와 생화학적 신호 물질의 변화다. 모든 외부 자극은 이 두 가지 변화를 가져온다. 그것은 뇌로 전달되고, 뇌는 그것을 느낀다. 자극의 종류에 관계없이 신경세포의 전기적 신호 변화를 유발시킨다. 바깥세계의 자극이 변화하는 만큼 우리 몸의 신경세포의 전기적 신호도 변화한다. 바깥세계의 자극이 차이가 없고 변화하지 않으면 우리 몸 신경세포의 전기적 신호도 변화하지 않는다. 즉 느낌이 없게 된다.

우리가 느끼는 것은 오직 '변화와 차이'다. 두뇌가 기억하는 것 또한 오직 '변화와 차이'다. 이 세상에 변화와 차이라는 현상이 없다면, 우리에게 모차르트와 베토벤의 음악도 김홍도와 신윤복의 그림도 없을 것이다.

인간의 뇌는 변화와 차이를 느낀다. 그리고 그것을 기억한다. 그러면서 그 기억을 새로운 변화와 차이에 대입하고 비교하여, 판단하고 행동한다.

'변화'는 '바뀌어 된다(變化), 바뀐다(change)'는 뜻으로 움직이는 의미를 갖는 말이다. A 상태에서 B 상태로 움직이는 현상을 한마디로 변화라고 한다. '차이'는 '어긋나 다른 정도(差異), 다른 것(difference)'의 뜻으로 정지되어 있는 상태와 의미를 담고 있다.

멈춤이 없다면 움직임도 없고, 움직임이 없다면 멈춤도 없는 것과 같이 차이가 없다면 변화도 없고, 변화가 없다면 차이도 없다. 차이와 변화는 둘이면서 하나고, 하나면서 둘이다. 이것이 인간과 동물의 모든 느낌과 인식, 반응, 행동을 만든다.

차이와 변화는 세상의 모든 움직임을 낳는다. 또 움직임은 세상의 모든 변화와 차이를 낳는다. 그것은 하나면서 둘이고, 둘이면서 하나다. 곧 차이와 변화를 느끼는 것은 움직임을 느끼는 것이다.

인간은 매 순간의 변화와 차이 즉, 움직임을 느끼고 그것을 '사진'처럼 빠짐없이 두뇌에 저장한다. 저장형태는 장면과 장면, 즉 컷과 컷이다. 여기에서 사진이란 용어는 장면 장면을 설명하기 위해 특별히 사용했음을 밝힌다.

실제로 장면이 느껴졌을 때, 그 순간의 신경 흥분 상태를 어떤 형태로 저장하고 있다고 보는 것이 옳다. 그래서 기억을 할 때는 기억하고자 하는 순간의 상태를 의식과 무의식에서 자발적으로 일으키도록 유도한다. 그러면 기억되던 당시의 신경 흥분 상태가 되어 그 느낌과 장면이 되살아난다.

그러나 뇌의 모든 신경세포를 기억되던 순간의 신경 흥분 상태 수준으로 만드는 게 아니므로, 당시처럼 생생할 수는 없다. 만약 모든 신경세포를 기억되던 순간의 상태로 만든다면 뇌 신경계는 심각한 문제를 일으킬 것이다. 또한 기억속도도 크게 떨어지고, 짧은 시간에 많은 것을 기억해 내지도 못할 것이다.

다행히 인간의 뇌는 내구성과 속도와 효율이 모두 떨어지는 구조를 원치 않았다. 그래서 기억정보만 따로 보관하는 곳을 두었는데, 이곳에는 당시의 신경 흥분 상태가 어떤 형태로 축약된 단추(button) 같은 정보로 저장된다. 단추를 누르면 가장 빠르게, 필요한 가장 적은 양의 신경세포만이 당시의 그 상태로 돌아간다. 그리고 그때의 기억이 장면처럼 떠오른다.

과거의 행복했던 시절을 회상할 때, 여러 장면들이 파노라마처럼 머릿속에 떠오르는 것을 경험한 적이 있을 것이다. 실제 장면들이 두뇌 속에 저장되어 있다가 사진첩을 보는 것처럼 펼쳐진다고 생각할 수 있으나 그렇지 않다. 사실 두뇌 속에서는 당시 기억이 저장된 곳의 축약된 정보단추들이 연주되는 피아노건반처럼 두드려지고 있는 것이다. 다시 말하면, 피아노 소리가 흘러나오듯 신경계가 흥분 상태를 연속적으로 변화시키면서 장면들을 파노라마처럼 떠오르게 하는 것이다.

시각·청각·후각·미각·촉각의 느낌을 간단히 축약된 정보단추로 바꿔 저장하면, 무수히 많은 장면을 의식과 무의식 속에 기억할 수 있게 된다. 그리고 그 기억들을 빠르게 꺼내 활용할 수 있다. 이렇게 저장되는 장면들은 다른 말로 '이미지'라 한다.

최근 뉴스에서 영어 단어 수가 백만 개가 넘었다고 보도되었다. 단어 하나에는 장면 또는 컷이 하나 이상 대응된다. 그러면 두뇌는 최소 백만 개의 장면을 모두 기억해야 한다. 말하는 것은 백만 개의 장면 중에서 필요한 것을 꺼내 배열하는 것이다.

세계적인 신경생물학자 제럴드 M. 에델만(Gerald M. Edelman)의 『신경과학과 마음의 세계』에 따르면, 우리 인간의 두뇌는 백억 개의 신경세포를 갖고 있다. 하나의 신경세포는 다른 신경세포와 이어진 접점이 있는데, 이 접점을 시냅스라 한다. 신경세포 하나는 적게는 천 개, 많게는 십만 개의 시냅스를 갖고 있다. 따라서 인간 두뇌의 시냅스는 대략 100억×10,000개나 된다.

인간의 두뇌에서 의식세계는 겨우 5퍼센트에 불과하다. 두뇌가 처리하는 모든 정보의 5퍼센트도 채 안 되는 것이다. 비록 5퍼센트라 해도 영어단어 백만 개가 의식세계 속에서 처리되는 것이 문제되지는 않을 것이다.

하지만 100억×10,000개의 시냅스에서 1퍼센트만 해도 100억×100이 된다. 계산하면 무려 1조다. 무의식의 95퍼센트까지 모두 사용하면 100조라는 천문학적인 수가 된다. 그래서 두뇌는 의식과 무의식 속에 거의 모든 장면을 저장한다. 이 중에서 우리가 의식세계로 끄집어내는 것은 사용하는 언어의 단어 수 정도에 불과하다.

'변화와 차이'가 없다면 느낌도 없고, 인식도 없고, 변화에 대응하는 행동도 없다. 따라서 생명도 없고, 생명의 진화도 없을 것이다. 당연히 오늘날과 같이 최적화된 인간의 뇌도 없을 것이다. 그러므로 변화와 차이가 곧 진화의 시작이고, 언어의 시작이다.

04
언어는 무엇으로 이루어졌을까?

언젠가 학생들에게 물었다.

"언어는 무엇으로 이루어졌을까?"

학생들은 아주 시원시원하게 대답했다.

"말과 글로 이루어졌습니다."

나는 다시 질문을 던졌다.

"그렇다면 말과 글은 무엇으로 이루어졌을까?"

"말은 소리로 글은 글자로요."

명쾌하다. 사실 '언어'를 사전에서 찾아봐도 "생각, 느낌 따위를 나타내거나 전달하는 데에 쓰는 음성, 문자"라고 쓰여 있다. 당연히 학생들이 대답하는 것은 맞다. 단, 언어가 인문학의 영역에 있을 경우에만 그 대답은 옳다.

그러나 언어가 과학의 영역으로 들어오면 그 대답은 그리 과학적이지 못하다. 과학적인 답은 왜(why)를 충분히 설명할 수 있어야 하기 때문이다.

이제부터 언어로서의 영어를 과학의 세계로 들어가 접근해보자. 언어를 과학의 세계로 이해하면, 당신은 누구보다 영어를 빠르게 배울 수 있을 것이다.

언어는 '소리+이미지'로 되어 있다. 언어는 소리만으로 이루어진 것도 아니고, 이미지만으로 이루어진 것도 아니다. 소리와 이미지 두 가지가 결합되어야 완전한 하나의 언어가 된다. 그 이유는 바로 뇌 속에 있다.

언어 = 소리 + 이미지

이미지(image)는 상(象)이다. 심상(心象)이다. 마음속에 그려지는 그림이다. 눈에 보이는 자연세계의 그림일 수도 있고, 고추를 깨물었을 때의 매운 느낌일 수 있고, 오렌지재스민 꽃향기를 맡을 때 그 강렬하고도 은은한 느낌일 수도 있다.

모든 감각기관이 바깥세계를 느끼고 받아들인 의식세계 속에 그려지는 그림을 '이미지'라 한다. 시각정보는 그대로 그림처럼 기억된다.

소리, 향기, 맛, 촉감은 느낌으로 기억되며, 이것들도 이미지라 한다. 감각 정보 대부분이 눈으로 보는 시각 정보임을 생각하면 마음속에 그려지는 느낌을 심상, 즉 이미지라 부르는 것은 크게 나쁘지 않다.

향기를 맡고, 맛을 느끼고, 촉감을 느끼고, 그리고 그것들을 기억할 때 당시 주변의 장면이 함께 떠오른다. 이것을 공감각이라 한다. 공감각 때문에 향기, 맛, 감촉이 그림같이 느껴진다. 그래서 모든 감각은 이미지로 기억되고, 이미지로 회상된다고 할 수 있다.

기억되는 모든 이미지는 하나의 장면, 컷으로 처리된다. 장면과 장면으로 처리하는 것이 정보량을 줄이고, 저장하고 인출하기가 훨씬 편리하기 때문이다. 영화가 그렇듯 장면을 연속적으로 빠르게 처리하면 움직이는 것처럼 보인다는 것을 오늘날 모르는 사람은 없다.

두뇌는 시각과 함께 바깥세계의 움직이는 것을 장면으로 처리해 기억한다. 따라서 장면을 1초에 16개 이상 연속적으로 보여주면 두뇌는 그것이 움직인다고 착각한다. 파노라마처럼 회상되는 기억도 뇌 속에서 기억된 장면들을 연속적으로 흘려보내는 것이다. 시각뿐 아니라 청각·후각·미각·촉각도 장면의 이미지로 처리된다.

'100억 개의 뉴런 ×10,000개의 시냅스'는 우리가 원하는 만큼의 모든 장면을 뇌에 이미지로 기억시킬 수 있다. 그러나 이미지로 기억된 장면을 어떻게 꺼낼까? 기억된 장면을 어떻게 불러낼까? 아무리 많고 좋은 정보가 저장되어 있어도 그것을 꺼내 쓸 수 없다면 아무 소용없다. 그 정보들은 고장난 컴퓨터 속의 데이터에 불과하기 때문이다.

그런데 이를 가능하게 하는 것이 바로 소리다. 소리를 이용해 저장된 모든 장면을 검색하고, 꺼내고, 배열하고, 정리하고, 바깥세계로 나타낸다.

그러나 독단적으로 홀로 저장된 이미지는 소리로 불러 올 수 없다. 오직 소리와 동시에, 소리와 함께 저장된 정보만 소리로 불러 올 수 있다. 이것은 매우 중요하고 또 무척 놀라운 사실이다.

소리를 어떻게 이용해서 뇌 속의 모든 장면을 검색하고 꺼낼까?

하나의 이미지에 꼬리표 같은 짧은 소리를 붙인다. 그것을 '이름 붙인다, 이름 한다'고 말한다. 이미지에 붙인 짧은 꼬리표 소리를 '단어', '어휘', '낱말'이라고 한다.

'빵'이라는 짧은 소리를 들으면 '빵의 이미지'를 떠올린다. 이때 '빵이라는 소리이름(소리로 된 이미지의 이름) + 빵의 이미지' = '빵이라는 단어'가 된다. 이렇게 단어는 소리이름과 이미지로 되어 있다. 단어, 어휘, 낱말은 모두 같은 이미지다. 하나의 이미지에 단어, 어휘, 낱말 등 다른 소리로 이름을 붙인 것이다.

이 책에서는 이제부터 '단어'라는 소리를 단어, 어휘, 낱말 이미지의 대표 소리로 사용하기로 하고, 소리이름을 '소리단어'라고 하기로 한다.

단어 = 소리단어 + 이미지

장면의 정보를 기억할 때 '이것을 나중에 꺼내 다시 사용할 것이다'라고 판단되면 어떻게 해야 할까?

먼저 '소리단어+이미지'로 기억시켜야 한다. 컴퓨터에 자료파일을 보관할 때와 같다. 파일에 이름을 붙여서 저장하고, 꺼낼 때도 파일명을 찾아서 클릭하듯, 이미지에 간단한 꼬리표인 단어의 소리를 붙인다. 그것을 소리 내 '소리단어+이미지'를 동시에 기억시켜야 그 이미지를 나중에 꺼내 쓸 수 있다.

꼬리표인 소리단어를 들으면 뇌 속의 청각 연합영역의 단추가 눌러져 시각 연합영역의 이미지가 불려온다. 소리단어의 소리정보는 뇌 속의 시각·청각 연합영역에 있는 축약된 단추다.

언어는 단어로 이루어져 있다. 모든 물질이 원자로 이루어졌고 원자는 다시 '원자핵+전자'로 이루어졌듯이, 언어는 단어로 이루어졌고 단어는 '소리단어+이미지'로 되어 있다.

단어는 언어의 원자다. 단어는 언어의 블록이다. 단어에서 언어가 시작되고, 단어에서 언어가 종결된다. 마찬가지로 단어에서 언어 학습이 시작되고, 단어에서 언어 학습이 종결된다.

피아노의 건반 하나를 누르면 '솔' 음 하나가 울리듯이 소리단어 하나에는 장면 하나가 펼쳐진다. 건반 위에서 피아니스트의 손가락이 춤추듯 우리의 뇌 속에서는 언어의 소리단어가 춤을 춘다. 수많은 소리단어가 내는 소리의 연주를 타고 무수한 장면들이 뇌 속에 펼쳐진다. 장면들은 이야기가 되고, 이야기는 장면들이 된다. 이렇게 우리는 말을 하고, 언어는 이렇게 이루어졌다.

언어 = 단어 + 단어 + 단어 + 단어 …
단어 = 소리단어 + 이미지

05
뇌 속의 사진(기억된 이미지)을 어떻게 꺼내올까?

홀로 있는 시각이미지

아름다운 여자를 만났다. 그런데 나는 그녀의 아름다움에 흠뻑 빠져 바보같이 미처 이름을 묻지 못했다. 연락처도 모르고 이름도 모른 채 헤어졌다면 어떻게 그 여인을 찾을 수 있을까? 여자의 얼굴 이미지는 내 머릿속에 저장되어 있다. 하지만 어떻게 다른 사람한테 보여주고 물어서 그녀를 찾을 수 있을까?

찾는 방법은 오직 하나다. 온 세상을 뒤져서 머릿속의 이미지와 똑같은 모습의 실제 그 여자나 그 여자의 사진을 찾는 방법이다. 이 경우, 뇌 속의 이미지와 똑같은 바깥세계의 이미지를 찾으려면 자기 자신이 직접 바깥세계의 실제 이미지를 만나는 수밖에 없다. 그 외에는 뇌 속의 이미지를 그대로 꺼내올 방법이 아직까지는 없다.

홀로 있는 소리이미지

길을 가는데 어디선가 음악 소리가 들려왔다. 선율이 아름답고 경쾌하기가 그지없었다. 걸음을 멈추고 한참을 서서 들었다. 그러나 그 곡의 이름이 무엇인지 알 수가 없었다. 음악이 끝난 후에도 곡명은 나오지 않았기 때문이다.

경쾌하고 아름다운 선율의 이미지는 기억되었지만 흥얼거리지는 못한다. 어떻게 이 음악을 다시 들을 수 있을까? 어떻게 이 음악을 다른 사람에게 설명하고 곡명을 알 수 있을까?

그것이 가능한 건 우연히 똑같은 음악을 다시 들을 때뿐이다. 그때야 "어! 나 이 음악 들은 적 있어, 이 곡 타이틀이 뭐야?"하고 다른 사람과 그 곡에 대한 의사소통을 할 수 있게 된다.

홀로 있는 꽃향기, 맛

이름을 모르는 꽃의 향기로운 꽃향기, 이름을 모르는 맛있는 음식의 맛 또한 모두 독단적으로 기억되는 이미지다.

지금 이 글을 쓰고 있는 내 책상 위에는 무척 아름다운 향기가 나는 꽃이 두 종류 있다. 말로써는 이 꽃향기를 세상 그 누구도 그대로 묘사할 수가 없다. 당신의 뇌 속에 기억된 이 꽃향기의 이미지를 꺼내와 '아! 그 향기! 정말 향기롭기 그지없어. 강렬하고 은은하고…… 나는 언제 어디에서 그 꽃을 보았었지'라고 말하도록 상기시킬 수 없다. 어떤 시인, 어떤 소설가도 그것은 불가능하다.

하지만 그것은 가능하다. "내 책상 위에는 오렌지재스민 꽃과 치자꽃이 피어 있다."라는 '소리'로 말이다.

▲ 오렌지재스민

▲ 치자 꽃

'언어=소리+이미지'다. 소리로 기억시키고 소리로 꺼내온다는 이유가 여기에 있다. 소리가 빠진 이미지는 독단적 이미지가 된다. 독단적 이미지는 기억은 되지만 꺼내서 다른 사람과 함께 공유할 수 없는 정보들이다.

단어의 소리가 빠진 이미지는 꺼내서 쓸 수 없고, 이미지 없는 소리는 그저 의미 없는 소리에 불과하다. 멀리서 개 짖는 소리처럼. 따라서 그것은 이미 언어가 아니다. 소리와 이미지 둘 중 하나가 없기 때문이다.

06 뇌는 무슨 운동을 할까?

흔히 달리기는 운동이라 생각하면서도 혀를 움직여 말하는 것은 운동이라 생각하지 않는다. 이것은 잘못알고 있는 사실이다. 사람이 말을 듣고, 배우고, 하는 것은 엄연한 운동 행위다. 말을 듣는 것도 운동이요, 말을 배우는 것도 운동이요, 말을 하는 것도 운동이다.

세상에는 잘못 알려지거나 잘못 알고 있어도 당장 손해 보거나 피해볼 게 없는 것들도 있다. 달에 '옥토끼가 살고 있다'는 사실은 우리에게 손해를 끼치지 않는다. 그러나 영어 학습은 다르다.

'영어 학습은 운동이다'라고 알고 있는 것과 '영어 학습은 운동이 아니다'라고 알고 있는 것에는 엄청난 차이가 있다. 그것은 수영을 배우는 것과 수학을 배우는 것처럼 분명히 다르기 때문이다. 만약 수영을 수학 공부하듯 하고, 수학을 수영 배우듯이 하면 어떻게 될까? 사실을 잘못 앎으로써 오는 손해가 큰 만큼 좋은 결과를 기대하기는 어려울 것이다.

음절과 소뇌의 운동

음절은 사람이 내는 소리의 가장 작은 단위다. 즉, 소리가 말이 되는 시작이다. 사람이 내뱉고, 들을 수 있는 가장 짧은 소리는 외마디 소리다. '다!', '가!', '빵!'과 같이 하나의 마디를 한 개의 음절이라 한다.

사람이 내뱉고 들을 수 있는 말의 시작인 외마디 소리를 내는 데 시간은 얼마나 걸릴까? 이때 시간은 뇌와 깊은 관련이 있다. 우리는 아무렇게나 소리 내고 아무렇게나 듣는 것이 아니다. 뇌의 운동 프로그램이 정해진 대로 말하고 듣는다.

사람이 소리를 내는 것은 구강과 혀의 근육운동 때문이다. 사람이 음절 하나를 소리 내는 데 걸리는 시간은 불과 0.1초다. 주파수로 바꾸면 10헤르츠(Hz)가 된다. 1초에 10번이라는 의미다. 1초에 10마디의 소리를 최대로 낼 수 있고, 1초에 10번 발성기관 운동을 할 수 있다는 말이다.

인간의 몸 전체에서 모든 근육운동은 10헤르츠와 깊은 관계가 있다. 인간의 모든 감각과 운동은 뇌에서 관장한다. 소뇌는 운동에 필요한 모든 정보를 계산해 대뇌에 제공하고, 대뇌는 소뇌의 계산된 정보와 기타 감각, 기억 및 모든 정보를 종합해 운동을 계획한 후 실행하는 역할을 한다. 소뇌가 운동을 계산하는 컴퓨터인 셈이다.

소뇌와 하올리브핵 사이에 정보를 주고받는 클럭 속도가 10헤르츠로 알려져 있다. 클럭 속도는 컴퓨터 프로세서의 동작 속도를 말하는 용어로, 컴퓨터의 빠르기 성능을 말한다.

로돌프 R. 이나스는 『꿈꾸는 기계의 진화』에서 소뇌의 클럭 속도가 10헤르츠이므로 세포와 근육운동에 대하여 인간은 10헤르츠의 생물학적 제한 조건을 갖는다고 밝혔다. 그는 이러한 사실을 연구하여 여러 편의 논문에 발표하였는데, 그의 이론은 나에 의해 재해석되어 이 책의 중요한 내용으로 다시 탄생했다.

컴퓨터는 자신의 CPU 클럭 속도를 넘는 계산 속도를 낼 수 없다. 하지만 주변장치, 소프트웨어와 조화를 잘 이루면 주어진 클럭 속도를 최대로 발휘할 수 있다. 주변장치의 성능이나 소프트웨어의 성능이 클럭 속도에 따라주지 못하면 컴퓨터 전체는 클럭 속도만큼의 성능을 제대로 발휘할 수가 없다.

사람의 운동능력도 이와 같다. 근육과 대뇌의 판단 등이 조화를 잘 이루면 10헤르츠의 운동 성능을 최대로 발휘할 수 있다. 1초에 10번이라는 것은 인간의 근육운동 능력의 최고치다. 이것은 뇌에서 그렇게 결정된 것이다. 권투선수는 아무리 빨리 잽을 날려도 1초에 10번 이상 날릴 수 없다. 말을 아무리 빨리해도 1초에 10마디 이상 할 수 없다. 100미터를 아무리 빨리 달려도 1초에 10걸음 이상 내딛을 수 없다. 100미터 달리기 세계기록이 10초 부근에 있는 이유가 여기에 있다.

손 운동, 발 운동, 혀 운동을 막론하고 인간은 소뇌의 계산 속도라 부를 수 있는 클럭 속도 10헤르츠를 크게 벗어나는 운동을 할 수가 없다. 1초에 10번 이상 움직이는 운동을 할 수가 없는 것이다.

2008년 8월 베이징올림픽에서 우사인 볼트는 100미터 달리기에서 9.69초로 세계신기록을 세웠다. 그리고 2009년 8월 17일 세계 육상선수권대회에서 다시 9.58초로 기록을 갱신했다. 100미터를 9.58초에 41걸음으로 내딛은 것이다. 1초에 5걸음 정도다. 우사인 볼트가 9.69초에서 9.58초로 기록을 갱신한 것은 놀라운 일이다. 그러나 아무리 빠른 우사인 볼트라 해도 1초에 10걸음 이상을 내디뎌 100미터를 5~6초 만에 주파하는 것은 어렵다.

인간의 뇌

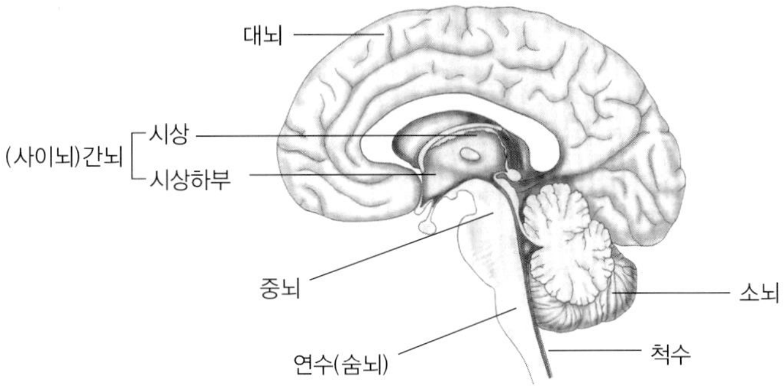

'천 리 길도 한 걸음부터'라는 말이 있다. 한 걸음 한 걸음이 모여 천 리를 간다는 말이다. 한 걸음으로는 천 리를 갈 수 없지만 한 걸음이 있어야 천 리를 갈 수 있다.

한 마디의 소리로는 말이 될 수 없지만 한 마디의 소리가 있어야 말이 된다. 그 한 마디의 소리를 뇌의 소뇌가 걸음걸이와 같이 운동으로 관장한다. 0.1초에 한 마디씩, 0.1초에 한 걸음씩. 이것이 인간이 낼 수 있는 최대 속도다. 또 소리의 마디를 구분해서 들을 수 있는 최대 속도이기도 하다.

단어와 대뇌의 운동

단어는 의미를 갖는 가장 작은 단위의 소리다. 그러나 아무런 의미 없는 외마디 소리는 언어라고 할 수 없다. 그러므로 단어부터 언어의 영역에 들어온다.

단어 = 소리단어 + 이미지
언어 = 단어 + 단어 + 단어 + 단어 …

대뇌는 감각, 기억, 연합, 판단, 운동 명령을 관장한다. 더 간단히 말하면 감각하고 연합·판단한 다음 운동을 명령한다. 대뇌가 감각부터 운동까지 걸리는 시간은 얼마나 될까? 이에 관한 최초의 실험으로 원숭이가 이용되었다.

자극이 전달되는 시간을 재기 위해 원숭이의 대뇌 각 부위에 전극을 꽂은 후 원숭이에게 사과를 보여줬다. 그리고 원숭이가 사과를 본 후 손을 뻗어 그 사과를 집을 때까지 소요되는 시간을 쟀다. 실험결과 0.3초 정도가 소요되었다.

이후 사람에게 다른 방법을 적용한 실험에서는 0.3초라는 시간이 간단한 이미지 처리에 소요되는 시간으로 인정되었다.

단어는 적게는 1음절에서 많게는 6음절까지 있다. 한국어는 특히 2~4음절로 된 단어가 많다. 영어도 2~4음절로 된 단어가 많다. 앞의 〈음절과 소뇌의 운동〉에서 1음절을 소리 내는 데 걸리는 최대 속도는 0.1초였다. 그러면 2음절과 4음절은 얼마나 될까?

2음절 : 0.2초(happy)
4음절 : 0.4초(problem)

이와 같이 대다수 영어단어는 0.2~0.4초가 걸린다. 하나의 단어를 소리 내는데 평균 0.3초가 걸린다는 말이다.

하나의 이미지를 대뇌에서 감각, 판단, 운동하는 데 걸리는 시간이 0.3초고, 하나의 단어를 소리 내는 데 0.3초가 걸린다. 단어를 소리 내는 시간과 뇌에서 듣고 처리하는 시간이 정확하게 일치한다. 이 두 경우가 걸리는 시간이 서로 같다는 것은 무엇을 의미할까? 또한 이 사실은 과학적으로 어떤 의미를 갖는가? 이것은 우연일까 아니면 필연일까?

위의 두 경우는 동기화현상(synchronization)이 일어나고 있다.

즉, 주고받는 클럭 시그널(clock signal)이 일치한다. 말을 하는 것은 이미지를 소리로 꺼내서 던지는 것이다. 말을 듣는 것은 똑같은 이미지를 자신의 뇌 기억에서 꺼내서 받아보는 것이다. 이것은 이미지를 꺼내서 던지고, 이미지를 받아보는 하모니 운동이다. 던지고 받고, 던지고 받고, 던지고 받는다. 소리는 보관되지 않고 공중에 흩어지므로, 뇌는 곧바로 받아보아야 한다.

주고받는 클럭 속도의 타이밍을 놓치거나 어긋나면 흩어진 소리는 다시 불러오지 못한다. 결국 말을 놓치게 되는 것이다. 이런 이유로 우리의 뇌는 상대방의 말을 끝까지 다 듣고 이해하는 것이 아니라 말을 들으면서 이해하도록 설계되었다. 그것도 단어 하나를 들으면서 곧바로 그 단어 하나를 알아듣도록 설계되었다.

이것이 바로 동기화현상이다. 요즘 말로 '싱크(sync)'다. 가수들이 춤추며 하기도 하는 립싱크의 싱크. 우리의 대뇌 운동은 단어 하나하나에 기본적으로 싱크되어 있다.

단어를 이루는 음절의 수가 대부분 2~4음절인 것은 우연이 아니다. 그것은 우리의 뇌가 싱크를 위해 선택한 것이다. 뇌는 하나의 음절(한 마디)을 소리 내는 데 걸리는 시간과 대뇌가 감각에서 운동까지 정보를 처리하는 데 걸리는 시간을 알고, 소리가 보관되지 않고 공중에서 사라진다는 것을 안다. 그리고 그 위에 단어의 가장 적당한 음절의 수를 선택한 것이다.

단어의 소리와 이미지를 던지고 받는 싱크는 최대 0.3초 부근에 맞추어졌다. 우리도 모르게 그렇게 선택한 것이다. 놀라운 뇌 운동 진화의 자연 선택이 아닐 수 없다.

우리의 뇌가 기본적으로 단어에 싱크되어 있다면 언어와 언어 학습에서는 무엇이 가장 중요할까? 두말할 필요 없이 단어다. 그것은 백

번, 천 번을 강조하고 주장해도 틀림없는 과학적 사실이다.

언어와 언어 학습은 단어를 사용하는 운동이다. 단어를 놓치지 않고 빠르게 던지고 받고, 던지고 받는 그런 운동인 것이다. 운동의 일종인 축구·배구·농구가 공 없이는 운동 자체가 어렵듯, 언어 또한 운동이지만 단어 없이는 언어 자체도 없게 된다.

그러나 당신이 지금까지 알고 있던 단어와 단어 습득 방법은 운동할 수 있는 것이 못된다. 즉 공은 공이지만 축구·배구·농구 경기에 쓸 수 없는 공, 종이에 그려진 '그림공' 같은 것이라고나 할까.

당신도 단어가 중요하다는 것을 잘 알고 있다. 그동안 열심히 단어 학습을 했을 것이고, 지금도 진행 중일 것이다. 그러나 여러분들이 지금까지 열심히 학습한 단어는 혼신의 노력으로 그린 그림공에 불과하다. 아무리 많은 시간과 노력을 투자했다 해도 실제로 축구, 배구에서 사용할 수 없다. 빠르게 던지고 받고 치는 운동에 쓸 수 없다.

열심히 영어공부를 했어도 말 한마디 못하는 사람이 있는 반면, 조금 노력했을 뿐인데 CNN, BBC 뉴스도 듣고, 영어 드라마도 보고, 영어 소설도 편하게 읽고, 영어 신문도 쉽게 읽고, 인터넷 영어 사이트도 서핑하고, 말도 잘하는 사람이 있다.

그렇다면 이 사람은 어떻게 영어를 잘할 수 있었을까? 그것은 바로 그림공으로 연습했느냐 진짜 공으로 연습했느냐의 차이다. 당신은 두 경계선의 어느 쪽에 서기를 원하는가.

혹시, 말하는 게 어렵다고 생각하는가? 그건 그야말로 쓸모없는 생각이다. 말은 누구나 한다. 걷고 뛰는 운동이 어렵다고 느껴지는가? 우리는 날마다 걷거나 뛰어다니고 있다. 말하고 걷는 것은 타고난 운동에 불과하다. 영어를 운동으로 알고 그대로 운동하면 되는데, 운동이 아닌 줄 알기 때문에 못하는 것이다.

07 글자란 무엇인가?

인류는 몇십만 년 전부터 소리로 의사소통을 해왔으나, 문자를 이용한 소통은 몇천 년이 되지 않는다. 소리로 의사소통을 하면서, 인간의 뇌가 진화과정에 포함시킨 것은 2~4음절로 된 단어의 소리다. 글자가 아니다.

소리단어는 두뇌 속에서 이미지와 함께 말을 주고받는 운동으로 진화했다. 0.3초의 동기화현상이 그것을 과학적으로 설명해준다. 그러나 글자는 아직 뇌에서 반사운동 영역으로 진화하지 않았다. 글자는 소리의 도움을 받아야 이미지에 접근할 수 있다.

글자는 시각정보이기 때문에 이미지와 함께 시각 연합영역에 기억된다. 글자는 시각정보량을 최대로 축소한 기호와 같은 것이다. 따라서 글을 배운 사람이 말을 할 때 이미지와 함께 글자도 빠르게 떠오른다. 소리단어의 자극이 '글자단어+이미지'를 동시에 끌어올린다는 뜻이다.

이처럼 단어는 소리+이미지+글자로 이루어지는데, 여기서 '소리단어'란 단어에서 소리로 표현되는 것을 말하고, '글자단어'란 단어를 글자로 나타낸 것을 말한다.

단어 = 소리단어 + 글자단어 + 이미지

단어를 소리 낼 때, 글자는 이미지를 더욱 분명하게 한다. 또한 글자는 소리를 더욱 정확하게 발성하게 하는 중요한 역할 두 가지를 담당한다. 첫째, 소리와 이미지가 분명히 일치함을 확신하면서 소리를 내게 하고, 둘째, 소리를 규정대로 발성하게 하여 발음을 정교하게 만든다.

동물들은 운동할 때 타고난 대로 일생동안 늘 똑같이 한다. 시간이 흐른다고 해서 정교해지지도 않고 어리다고 해서 서툴지도 않다.

그러나 인간은 이와 다르다. 사람은 주어진 규칙 안에서 숙련하기 때문에 시간이 갈수록 운동이 정교해진다. 소뇌와 대뇌에서 운동이 보다 정교해지게끔 피드백 교정을 하기 때문이다.

대표적인 예로 골프를 들 수 있다. 처음 골프를 시작했을 때는 공을 치는 것이 서툴러도 규칙과 방법을 체득해가면서 골프의 샷이 점점 더 정교해진다. 이처럼 글자를 통한 발성은 운동의 한 부분이다. 글자는 흩어지고 사라지는 소리를 종이 위에 보관하려는 의도로 만들어졌지만 뇌의 운동 속성 때문에 정확하고 치밀한 운동 효과를 가져온다.

따라서 잘 교육받은 사람들이 하는 말은 대체적으로 발음이 매우 또박또박하고 정확하다. 반면 전혀 교육을 받지 않아 글자를 모르는 사람들의 발음은 부정확한 경우가 많다. 그 부정확성은 그들의 말을 받아 적으려고 해보면 알 수 있다. 부정확하게 발음하는 단어는 몇 번을 다시 물어도 그대로다. 단어를 말할 때 이미지만 떠올리고 글자는 떠올리지 못하기 때문이다. 그들은 글자의 소리에 대한 규칙에 따라 훈련하지 않았기 때문에 소리를 내부적으로 교정해 줄 원칙이 없다. 그래서 오직 자신이 들어서 기억한 대로만 말하기를 반복할 뿐이다.

08

인간의 뇌는 이미지로 무엇을 만들까?

옥스퍼드 영어사전은 60만 개의 영어단어를 정의하고 있다. GLM (Global Language Monitor)은 2009년 6월, 영어단어가 100만개를 넘어선 것으로 발표했다. 사람들은 1년에 2만 5천 개나 되는 단어를 계속해서 만들어가고 있다.

그러나 우리는 아무 장면이나 무작정 단어로 만들지는 않는다. 오직 범주화될 수 있는 이미지만 소리단어를 붙여서 단어로 만든다. 이것을 '이미지의 개념화'라고 한다. '개념'은 이미지의 축약된 정보를 의미한다.

개념화될 수 있는 이미지는 어떤 것들일까? 실제 세계에서 반복될 수 있는 장면들이다. 여기에서 '반복된다'의 다른 표현은 '범주화된다'이다. 영어로는 'categorize'로 '카테고리에 분류한다'는 뜻이다. 그것은 하나의 장면이 될 수 있고, 여러 개가 연속으로 이어진 것일 수도 있다. 또한 아주 많은 장면이 모인 것들도 있다.

바위, 산, 나무, 바다와 같은 보통명사는 어디에서나 반복해서

▲ 산과 강은 몇 개의 장면만으로도 쉽게 범주화된다. 반면 과학이나 수학적 개념은 많은 장면이 필요하다.

보이는 것들이다. 이런 것들은 모두 몇 개의 장면으로 만들어질 수 있다. 과학이나 수학에 나오는 개념은 많은 장면이 모아져야 설명된다. 예를 들어, '빅뱅'을 과학적으로 설명하려면 다른 많은 개념과 장면들이 필요하다.

뇌 속에서는 이미지를 떠올리는 것보다 개념을 떠올리는 것이 정보처리가 빠르다. 기억의 이미지를 원형대로 끌어올리려면 시간과 집중이 필요하기 때문이다. 언어는 단어를 계속 이어서 쏟아내야 되는데, 모든 단어에서 원형 이미지를 끌어올리면서 속도를 빠르게 내기가 쉽지 않다.

그래서 뇌는 단축정보를 떠올린다. 뇌는 보다 빠른 정보처리를 위해 또 하나의 선택을 했다. 즉, 이미지의 단축정보인 개념을 만든 것이다.

언어는 개념이 만들어져야 진정한 언어가 되어 소통을 시작할 수 있다. 몇 장의 사진을 이어서 볼 때, 그것을 범주화시킬 수 없다면 의미 없는 장면의 연결밖에 안 된다. 그래서 언어는 이제 다음과 같은 완전한 형태를 갖게 된다. 즉, 언어의 뇌 속 풍경화가 완성된 것이다.

언어 = 소리 + (글자) + 이미지 + 개념
단어 = 소리단어 +(글자단어) + 이미지 + 개념
언어 = 단어 + 단어 + 단어 + 단어 …

진정한 언어의 시작은 이미지를 범주화하여 개념으로 승화시켰을 때부터다. 이미지는 현재적이지만 범주화된 개념은 과거·현재·미래의 시공간을 관통하여 존재한다. 뇌는 개념을 선택해 인간의 의식 속에 언어의 세계를 건설했다. 언어는 이렇게 소리와 이미지와 개념으로 이루어졌다.

09
뇌 속에 기억되는 단어의 모습

언어는 뇌 속에서 어떤 모습으로 있을까? 이 질문의 답을 알기 위해 지금부터 뇌 속의 언어 기억모델을 만들고, 그 모델에 따라 모국어와 외국어 학습을 과학적으로 설명하도록 하겠다.

과학에서 어떤 현상을 설명할 때는 모델을 먼저 만든다. 과학에서 모델이란 현상을 이해하기 위한 구조적 기능적 그림이다. 우리들이 알고 있는 과학이나 사회의 복잡한 고차적 개념들은 모두 모델(모형)에 해당된다.

만약 당신이 우주의 빅뱅에 대해 알고 있다면 그것은 모델링되어 설명된 모델을 이해하고 있는 것이고, 원자핵 주위에 전자가 돌고 있는 원자모형에 대하여 알고 있다면 그 또한 모델링되어 설명된 모형을 알고 있는 것이다. 또 정부조직에 대한 조직기구표를 알고 있다면 그것 역시 모델링된 모델을 알고 있는 것이다.

잘 만들어진 모델은 사실을 그대로 묘사한다. 틀린 정보를 제공하지 않기 때문에 우리는 빠르고 정확하게 원하는 목적지에 도달할 수 있다. 그래서 시간과 노력과 돈을 허비하지 않아도 된다. 과학의 발전이 점점 가속화되는 것도 이런 이유 때문이다.

처음에는 자연현상과 사실에 대한 잘못된 모델들이 있었다. 그러나 많은 시간과 노력을 들여 오류를 발견하고 제대로 된 모델을 갖게 되었다. 갈릴레오, 케플러, 뉴턴 등이 오류 없이 사실을 묘사해서 제대로 된 모델을 제시하기 시작한 대표적 과학자들이라 할 수 있다. 그들 이후부터 과학의 가속화 현상이 일어나게 되었다.

정확한 모델은 비효율적인 모든 것을 제거하여 빠르게 길을 안내한다. 지금 '뇌 속 언어의 기억모델, 뇌 속 단어의 기억모델'을 이야기하는 이유가 여기에 있다.

여기에서 제시하는 모델을 잘 이해하면, 영어 학습에서 생기는 모든 비효율성을 일시에 제거할 수 있다. 시간과 노력과 돈을 더 낭비하지 않아도 되는 것이다. 이런 이유로 이 책에서 언어 습득과 기억과 인출 과정을 과학적으로 설명하기 위해 언어 기억모델을 만들어 제시하는 것이다.

언어 = 소리 + (글자) + 이미지 + 개념
단어 = 소리단어 + (글자단어) + 이미지 + 개념
언어 = 단어 + 단어 + 단어 + 단어 …

다음 그림은 뇌 속 단어의 기억모델 즉, Choi's Model(초이스모델)이다. 이 기억모델에 따르면 소리단어, 개념, 이미지, 글자단어는 저장되는 곳이 각각 다르다. 이미지가 저장되는 곳은 시각이미지, 청각이미지, 후각이미지, 미각이미지, 촉각(체감각)이미지, 평형감각이미지 등 여섯 군데에 겹쳐 있다. 가장 바깥의 시각이미지는 시각정보 연합영역으로 글자도 함께 저장된다.

이들은 그림과 같이 네트워크 되어 있는데, 완전히 하나의 몸체처럼 작동한다. 정보의 양에 따라 연결속도와 연결점이 결정되는 것이다.

Choi's Model(Choice Model)

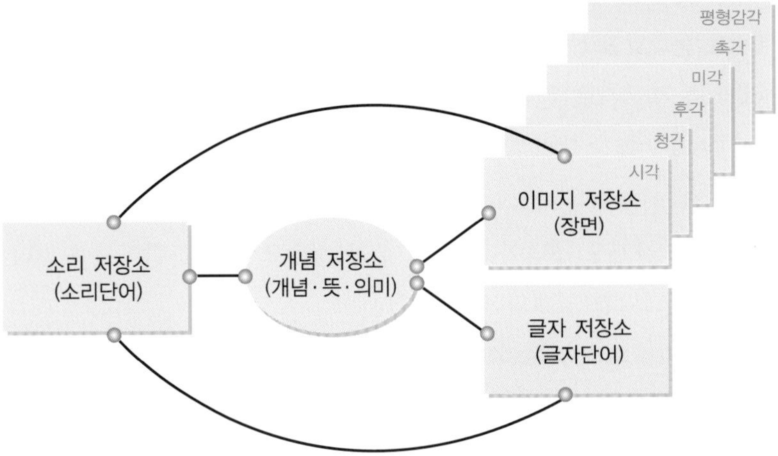

소리, 개념, 글자가 이미지보다 정보량이 작다. 그러므로 말을 주고받을 때 빠르게 연결되고 처리된다. 그 순서는 소리-개념-글자-이미지 순이다. 여기에서 소리가 빠지면 모든 것이 무너진다.

태어날 때부터 소리를 듣지 못하고, 말을 하지 못하는 사람의 경우 글자가 소리를 대신할 수 있다. 즉, 글자가 이미지와 개념을 소리가 하는 역할처럼 연결하여 처리할 수 있다. 그러나 이것은 특별한 예외적인 경우다.

일반적으로는 소리가 네트워크의 점화 포인트고 열쇠다. 모든 네트워크는 소리를 통과해 다른 곳으로 이동한다. 개념을 떠올리면 소리를 거친 후 글자나 이미지로 간다. 이미지를 떠올릴 때도 소리를 거친 후 개념과 글자로 연결된다. 글자를 보아도 소리를 떠올린 다음에야 개념과 이미지로 연결된다. 소리는 모든 곳과 연결되어 네트워크의 중추 역할을 한다.

이처럼 소리를 중추적 요소로 하여 소리-개념-이미지-글자의 두뇌 속 기억장소들의 네트워크가 하나의 몸체처럼 작동하는 것을 '**단어 네트워크 동체효과**(잘 네트워크 되어 있는 여러 개의 그룹은 하나와 같다)'라고 부르기로 한다.

단어 네트워크 동체효과가 이루어진 상태에서는 글자가 곧 소리요 개념이요 이미지다. 소리가 곧 글자요 개념이요 이미지다. 이미지가 곧 소리요 글자요 개념이다. 개념이 곧 소리요 글자요 이미지가 된다. 모두가 하나처럼 일체되어 작동한다.

뇌 속 단어의 기억모델의 단어 네트워크 동체효과 때문에 외국영화를 보면서 한글 자막을 읽어도 우리말 소리를 듣는 것처럼 영화를 이해하는 효과가 발생하고, 동화책을 읽어주는 소리를 들어도 그림을 그리듯이 의미를 이해하게 되는 것이다.

10
모국어의 습득 과정

인간이 태어나 자라면서 모국어를 습득해 나가는 과정을 좀더 과학적으로 표현하면 '단어 네트워크 동체효과를 강화시켜 나가는 과정'이라고 할 수 있다.

인간의 뇌는 크게 대뇌-뇌간-소뇌로 나뉜다. 뇌는 맨 위에서부터 대뇌, 간뇌, 중뇌, 연수, 소뇌, 척수로 배열되어 있다. 대뇌와 소뇌의 중간에 간뇌-중뇌-연수가 있는데, 이것을 뇌간(brain stem)이라 한다. 뇌간의 '간(幹)'은 '줄기 간'으로 영어로는 '스템(stem)' 즉, 줄기라는 뜻이다. 따라서 뇌간은 뇌의 줄기라는 의미가 된다. 우리가 뉴스에서 많이 듣는 줄기세포는 영어로 스템 셀(stem cell)이라고 한다.

뇌는 신경세포 다발이라고 해도 과언이 아니다. 신경세포는 수상돌기-세포체-축색돌기로 되어있다. 축색돌기는 지방질로 된 백질의 절연피복으로 싸여있다. 이것을 신경세포의 수초화라 한다. 전기적 신호 전달을 보다 손실 없이 빠르게 하기 위해서 수초화가 일어난다. 인간의 신경세포는 태내에서 거의 수초화되고, 소뇌와 뇌간이 생후 일

년 이내에 수초화된다. 생물학적 생존에 필요한 것은 이렇게 조기에 수초화가 진행되어 완성된다. 대뇌는 15세까지 수초화가 진행되는데, 전전두엽의 수초화는 20세 이후에도 계속 진행된다.

뇌를 나무로 비유하면 줄기까지는 생후 1년 이내에 다 자란다고 말할 수 있고, 나뭇가지와 잎들은 계속해서 자란다고 할 수 있다. 수초화는 뇌의 발달 진행과정을 가시적으로 확인하고 행동양태와의 상관관계를 설명할 수 있는 단초가 될 수 있다.

사람이 태어나서 2세까지 처음 배우는 말은 한두 마디 음절로 시작된다. '맘마, 엄마, 맘(mom)'처럼. 앞에서 설명했듯이 소뇌의 10헤르츠의 클럭 속도가 기본적으로 한 음절을 0.1초에 소리 낼 수 있게 해준다. 음절수가 많아지면 대뇌의 기억과 운동을 빌려야 하므로 대뇌가 발달되지 않은 상태인 1세 때는 수초화된 소뇌의 기능을 기본적으로 활용한다.

돌이 지나면서 모든 감각기관과 운동기관의 수초화는 완성되고 대뇌는 계속해서 수초화가 진행되며 발달한다. 이때부터 왕성하게 말을 배우는 시기로 들어간다.

이제 모든 감각기관에서 들어오는 정보를 대뇌에서 이미지화할 수 있고, 아주 간단한 이미지는 범주화가 가능해 개념을 만들 수 있게 된다. 여기에 엄마가 반복해서 들려주는 소리가 연결되어 '이미지-개념-소리'의 단어 네트워크 동체효과가 생기기 시작한다.

배고파 울 때 누군가 다가와서 '맘마'라는 소리를 내며 무언가 맛있는 것을 입에 넣어주던 것, 그것을 시각적 이미지 장면으로 기억하게 된다. 그런 장면이미지를 언제나 배고플 때 일어나는 것으로 범주화시키고 개념으로 승화시켜 기억한다. 그리고 '맘마'라는 소리와 그때의 '장면이미지'와 그 장면이 범주화로 승화된 '개념이미지'를 네트워크 동체화시켜서 기억하는 것이다.

이때부터는 '맘마'라는 소리를 들으면 배고플 때 누군가 먹여주던 그 무엇을 이미지로 떠올릴 수 있고, 먹는 것의 개념으로 알아듣는다. 그래서 그것이 필요할 때는 갓난아기 때처럼 울기만 하지 않고 '맘마'라는 소리를 낼 수 있게 된다.

뇌 속 단어의 기억모델(소리-이미지-개념) : 글자를 배우기 전 상태

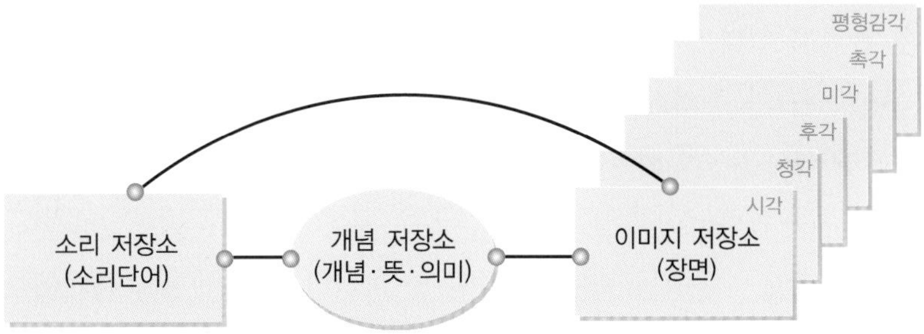

2세부터 5세까지는 대뇌의 수초화가 계속 진행됨에 따라 감각, 운동, 기억능력이 향상되고, 더 많은 음절로 된 더 많은 장면이미지로 구성된 이미지와 복잡한 개념들을 단어의 소리로 뇌 속에 저장하게 된다. 단어 네트워크 동체효과가 강화되는 것이다.

단어 수가 점점 많아지고, 하나의 소리단어에 대하여 더 많은 이미지가 추가되며, 자기만의 경험과 좋고 싫음에서 비롯되는 미세한 범주화가 새롭게 일어나 자기만의 의미들이 추가되고, 내용을 풍부하게 하면서 네트워크를 강하게 만들어간다. 이것은 단어 네트워크 동체효과의 진행과정으로 평생 끊임없이 이어진다.

이렇게 3~4년이 지나 5세나 6세가 되면, 거의 모든 아이들은 예외 없이 소리-이미지-개념의 '단어 네트워크 동체효과'의 기본 틀이 완성된다. 따라서 누구나 말을 듣고 할 수 있게 된다.

기본 틀이 완성되면 이후부터는 단어의 수를 추가하는 일만 남아있다. 이 단계에서 엄마가 책을 많이 읽어 준 아이들은 단어를 다양하고 풍부하게 네트워크 동체에 추가하게 된다.

소리-이미지-개념의 네트워크 동체효과는 매우 중요하다. 이것은 〈06. 뇌는 무슨 운동을 할까?〉의 '단어와 대뇌의 운동'에서 설명한 0.3초의 동기화현상(synchronization), 던지고 받는 클럭 속도와 깊은 관련이 있다.

네트워크가 동체화가 안 된다면 동기화는 일어날 수 없다. CNN과 BBC의 아나운서가 빠르게 쏟아내는 소리를 받아 개념으로 바꿔서 알아들을 수 없다.

클럭 속도가 조금만 어긋나 보라. 몇 마디만 지나간 말을 생각해보라. 몇 마디를 놓치면 계속 놓치게 된다. 주고받는 속도, 바로 클럭 속도가 동기화되지 않아서, 던지는 시간과 받는 시간이 맞지 않아서 미처 받기도 전에 소리가 공중에 다 흩어져 버리는 것이다.

이렇듯 소리-이미지-개념의 단어 네트워크 동체효과가 완성되면 여기에 글자를 추가하게 된다. 이미 잘 작동하는 네트워크 동체에 글자 하나를 추가하는 것은 큰 어려움이 아니다.

영어와 한국어처럼 소리를 표기하는 글자는 표기법을 익혀서 글자와 소리를 연결시키는 훈련이 필요하다. 책을 읽고 글을 쓰는 훈련을 해야 한다.

학교에 들어가서 1~2년이 지나면 대부분의 아이들은 글을 읽고 쓸 수 있게 된다. 단어 네트워크 동체에 새로운 글자단어가 추가되면 소리-이미지-개념-글자의 단어 네트워크 동체효과가 발생한다. 외국영화를

뇌 속 단어의 기억모델(소리-이미지-개념-글자)

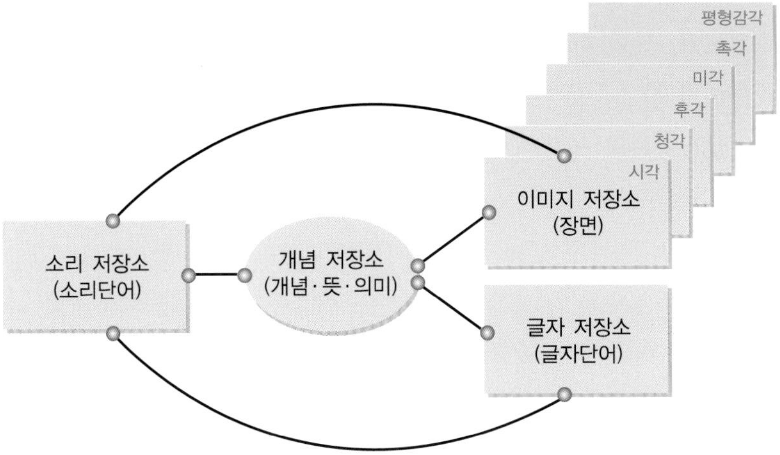

보며 한글자막을 읽어도 우리말을 듣는 것처럼 느껴지면서 영화를 이해하는 효과가 발생하는 것이다.

결국, 언어를 습득한다는 것은 단어 네트워크 동체효과를 만드는 것이다. '언어를 습득한다'는 표현은 정성적 일상적 표현이요, '단어 네트워크 동체효과를 만든다'는 표현은 정량적 과학적 표현이다. 과학은 과학적 개념의 집합이요, 과학적 개념은 과학적 표현의 집합이다.

표현이 바뀌면 생각이 바뀐다. 표현을 바꾸는 것은 생각을 바꾸는 것이다. 과학의 발전은 일상적 언어 표현을 과학적 표현으로 바꾸면서 진보되어 왔다. '힘이 세다'를 '힘의 크기가 얼마만큼 세다'로 바꾸고, '화살처럼 빠르다'는 것을 '1초에 몇 미터 가는 속도'라는 표현으로 바꾸고, 속도가 1초에 얼마만큼 변화하는지 '가속도'라는 표현을 사용할 수 있게 되면서 과학적 발전이 시작되었다. 표현이 생각을 바꾼 것이다. 다니는 길을 바꾼 것이다. 목적지에 빠르고 정확하게 도달하는 새로운 길을 내준 것이다.

'언어를 배운다, 말을 배운다, 영어를 배운다, 외국어를 배운다'는 표현보다 '단어 네트워크 동체효과를 강화한다'는 과학적 표현을 잘 이해해서 활용해야 한다. 그러면 영어를 공부하는 당신 앞에 쉽고 빠른 영어 학습의 새로운 길이 열릴 것이다.

11
영어의 습득 과정

사람들은 외국어 배우는 것을 무척 어렵다고 생각한다.

남의 나라 말을 자기 나라 안에서 쉽게 배울 수 있다고 생각하는 사람은 아마도 없을 것이다. 한국·중국·일본·프랑스·독일 사람을 막론하고 영어는 그들에게 모두 외국어다. 그들에게 영어는 아침 한나절이면 뚝딱 배워지는 그런 것이 아니다. 그 반대도 마찬가지다. 미국사람에게 한국어와 중국어는 배우기가 어려운 외국어일 뿐이다.

정도의 차이가 나라마다 조금씩 있겠지만, 서양 사람이 모국어가 아닌 외국어를 배우는 데 소요되는 시간은 2~3년 정도다. 한국어를 유치원 아이 수준만큼 구사하는 외국인에게 한국어를 배운 지 몇 년 되었냐고 물으면 대체로 2~3년 되었다고 대답한다. 그 대답을 들은 우리나라 사람들은 시작한 지 겨우 그 정도밖에 안 되었는데 어떻게 그렇게 한국어를 잘 하냐며 다들 하나같이 놀란다.

그런데 그것이 놀랄 일인가? 10년을 배우고도 영어를 못하는 사람에게는 참으로 경천동지할 일이다. 하지만 외국인에게는 그리 놀랄만

한 일이 아니다. 그것이 당연하기 때문이다.

아이가 태어난 후, 2세 때부터 말을 배우기 시작해 유치원에 갈 5세 무렵이면 누구나 말을 잘 하지 않는가. 말을 배우는 데는 2~3년이면 충분하다. 가르치고 배우는 과정에 문제가 있지 않는 한 그 정도 기간 안에 누구나 말을 할 수 있다. 만약 그렇지 않다면 그것이 오히려 놀랄 일이다.

외국어를 습득하는 것은 모국어 네트워크에 외국어의 소리와 글자를 추가하는 것에 불과하다. 이미지와 개념을 모두 새롭게 만들어서 추가하는 게 아니다.

사실, 언어에 있어서 가장 습득하여 얻기 어려운 부분은 이미지의 범주화 과정을 거친 개념의 습득이다. 산, 강, 바다, 나무, 돌, 꽃 같은 장면을 개념화하는 것은 쉽다. 하나의 장면으로 처리되기 때문이다. 사랑한다, 미워한다는 것은 하나가 아닌 여러 개의 장면이 필요하다. 덧셈, 뺄셈은 꽤 많은 장면 이미지를 연결하여 범주화된다. 수학에서 방정식, 과학에서 에너지의 개념을 얻기 위하여 우리는 학교에서 교육을 받는다.

교육을 받는다는 것은 많은 다양하고 복잡한 개념을 단어 네트워크에 동체화시키기 위함이요 그 과정이다. 그래서 초·중·고, 대학, 대학원에 이르기까지 모든 배움은 앞선 사람들이 범주화시켜서 만들어 놓은 개념을 내 것으로 만드는 과정이다. 즉, 자기 자신의 단어 네트워크에 동체화시키는 과정이다. 그래서 **'공부란 새로운 말 배우기다'**라고 정의해도 결코 잘못된 것이 아니다.

만약 외국어를 습득할 때마다 모든 이미지의 범주화 과정을 거쳐서 개념을 만들어 소리-이미지-개념-글자의 단어 네트워크 동체를 만든다면 다음의 표처럼 될 것이다. 한 사람의 뇌 속에 한국어 네트워크,

영어 네트워크, 중국어 네트워크가 각각 따로 있게 된다.

한국어 소리 저장소 (소리단어)	**영어 소리 저장소** (소리단어)	**중국어 소리 저장소** (소리단어)
한국어 개념 저장소 (개념 이미지)	**영어 개념 저장소** (개념 이미지)	**중국어 개념 저장소** (개념 이미지)
한국어 이미지 저장소 (시각, 청각,후각, 미각, 촉각, 평형)	**영어 이미지 저장소** (시각, 청각,후각, 미각, 촉각, 평형)	**중국어 이미지 저장소** (시각, 청각,후각, 미각, 촉각, 평형)
한국어 글자 저장소	**영어 글자 저장소**	**중국어 글자 저장소**
한국어 네트워크 동체	**영어 네트워크 동체**	**중국어 네트워크 동체**

태어나서 엄마를 통해 모국어를 배운 후, 학교에 들어가서 범주화된 개념을 언어 네트워크에 동체화시키는 데 대학을 포함해 16년이 걸린다. 새로운 언어를 배우기 위해서는 거의 20여 년 동안 같은 노력을 해야 한다는 말이다. 또한 다른 언어를 배우는 데도 역시 20여 년을 투자해야 한다는 말이다. 이게 말이 된다고 생각하는가? 당연히 말이 안 된다. 사실은 그렇지 않기 때문이다.

외국어를 학습할 때 이미지와 개념을 처음부터 새롭게 만들지는 않는다. 단지 모국어를 습득할 때 형성되었던 '이미지-개념'에 소리와 글자만 추가한다. 이미지-개념은 인간이라는 동물이 공통으로 갖는 산물이기 때문이다. 다음의 도식화된 그림을 보자.

외국어 학습 네트워크 동체모델

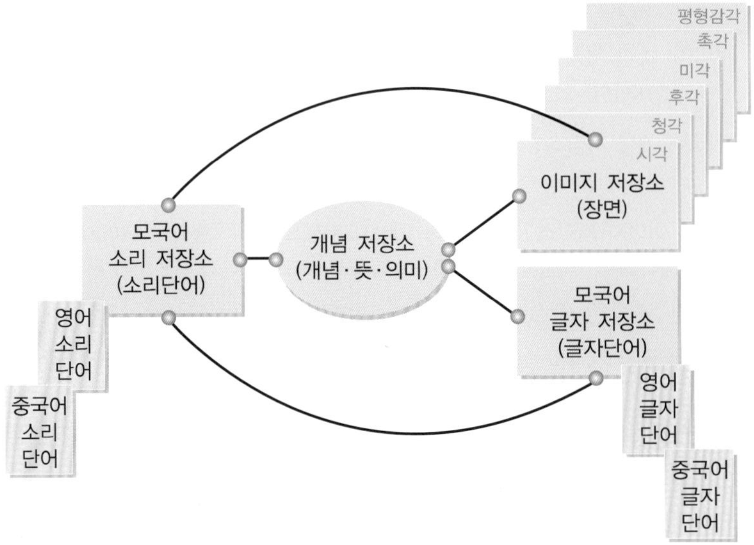

모국어 단어 네트워크 동체 + 외국어 소리, 글자 추가

장면 이미지를 종합하여 범주화하는 능력, 개념을 도출하는 능력은 호모사피엔스가 공통으로 갖고 사용한다. 이미지와 개념은 종족을 넘어선 범주 내에 있으며, 그것에 붙이는 소리만 다를 뿐이다.

따라서 달라진 소리와 글자만 바꿔주면 외국어를 구사할 수 있게 된다. 물론 이것을 어렵다고 여길 수도 있다. 하지만 실망은 금물이다. 2~3년만 노력하면 자신의 단어 네트워크에 새로운 외국어 소리와 글자를 붙일 수 있다. 그것이 영어·중국어·일본어·프랑스어 등 어떤 언어라도 상관없다.

12
무엇을 어떻게 하면 기억이 잘될까?

모래 위에 나뭇가지를 꽂는다. 한 개, 두 개를 묶은 것, 세 개를 묶은 것 중 어느 것이 보다 더 안정적일까? 우리는 경험을 통해 한 개보다 두 개, 두 개보다 세 개가 안정적이라는 것을 알고 있다. 우리의 기억도 이와 같다. 이제부터 뇌 속 단어의 기억모델(초이스 모델)과 뇌 속 신경세포와의 작용관계로 기억이 어떻게 안정적으로 잘될 수 있는지 알아보자.

신경세포인 뉴런의 수초화는 인간의 대뇌 발달과 관계있다. 발생학적으로 보면 척추동물이 수정을 하면 수정난이 만들어진다. 수정난은 공처럼 둥글다. 수정난이 세포분열하여 납작한 판처럼 되면서 동시에 신문지 말리듯이 말려 머리끝부터 항문까지 연결되는 수도관 같은 것을 만든다. 이 관은 대부분 신경세포들로 이루어지는데, 관의 위쪽 부분이 머리가 된다. 머리의 가장 위는 대뇌와 간뇌가 형성되고, 그 아래가 중뇌, 마지막으로 연수와 소뇌가 형성된다. 그 밑으로는 척추의 속을 채우고 있는 척수신경이 만들어진다.

뇌 속 단어의 기억모델

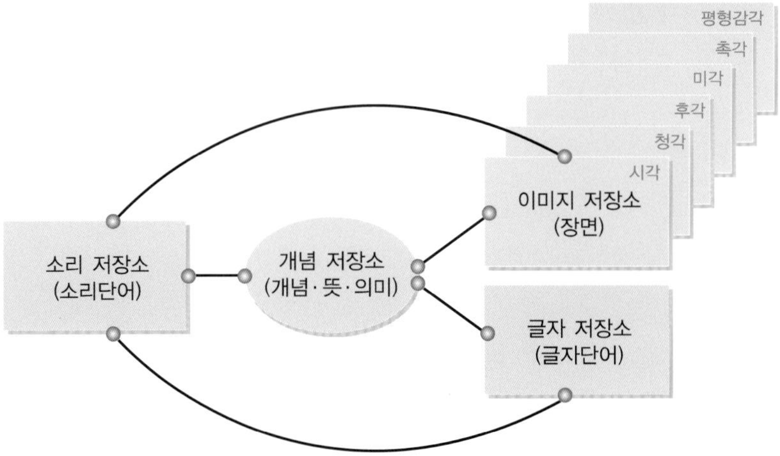

이때 만들어진 모든 것이 바로 신경세포들이다. 신경세포의 수초화는 1세 때에 완료되는데, 오직 대뇌, 즉 관의 가장 위쪽에 있는 부분의 수초화는 20~30세 이후에도 계속 진행된다.

수초화는 뉴런의 축색이 자라면서 발달하는 것이다. 축색의 모양은 나무줄기와 뿌리처럼 생겼다. 학습을 하게 되면 축색이 뿌리를 내듯이 새롭게 나오는 것을 알 수 있고, 기억이 사라지면 있던 축색이 소멸된다.

대뇌를 제외한 수도관 속의 모든 신경세포가 1세 때 수초화를 완료하는 것은 그것이 생존에 일차적으로 필요하기 때문이다. 이때는 동물처럼 일차적으로 살아갈 수 있게 된다. 인간을 제외한 다른 동물도 역시 마찬가지다.

사람에 있어서 대뇌의 수초화는 15세까지 왕성하게 진행되고, 30세 이후에도 계속적으로 진행된다. 그 이유는 사람이 언어를 사용하기 때문이다.

네트워크란 수초화된 신경 뉴런의 연결망이다. 뇌 속의 언어 네트워크는 그림과 같이 소리-이미지-개념-글자로 되어 있다.

'기억이 안정적'이라는 것은 네트워크가 잘 이루어지고, 쉽게 끊어지지 않는 것을 말한다. 따라서 소리를 들으면 개념과 이미지가 빨리 떠오른다. 이미지만 떠올려도 소리와 개념이 빠르게 떠오른다. 이는 네트워크가 잘 이루어졌다고 한다. 네트워크가 끊어지면 소리를 들어도 이미지가 떠오르지 않고, 이미지를 떠올려도 소리가 생각나지 않으며, 개념을 떠올려도 이미지가 떠오르지 않게 된다. 네트워크가 끊어졌다는 것은 기억이 사라졌다는 것이 아니라 기억을 꺼낼 수 없게 된 것을 말한다.

우리는 언어의 네트워크를 통해 의식의 세계와 만난다. 그것이 끊어지면 기억이 없는 것으로 의식한다. 실제로는 각 기억 저장소에 보관되었던 기억자체는 거의 사라지지 않고 보존된다. 또한 언어화되지 않은 기억, 범주화되지도 않고 소리를 붙이지도 않은 여섯 개의 감각기관에서 시작되는 1차적 장면 이미지도 대부분 이미지 저장소에 기억·보관된다. 단지 개념화되지 않고, 소리를 통해 단어화되지 않았기 때문에 의식세계로 떠오르지 않을 뿐이다. 그래서 우리는 기억하고 있는지도 모르는 수많은 장면 이미지를 네트워크가 끊어진 이미지 저장소에 고스란히 보관하고 있다.

기억을 의식 속에 잘 떠오르게 하려면 무엇을 어떻게 해야 할까? 보다 과학적인 표현으로 다시 물어보자. 소리-이미지-개념-글자의 언어 네트워크가 잘 이루어지고, 쉽게 끊어지지 않게 하려면 어떻게 해야 할까? 이 질문의 답이 '어떻게 하면 기억이 잘될까?'라는 물음의 해답이 된다.

먼저, 네트워크를 잘 이루어지게 하려면 일단 네트워크가 되게 꽂아야 한다.

소리-이미지-개념을 동시에 뇌 속에 꽂아 넣어야 한다. 세 개가 동시에 꽂혀야 네트워크가 일단 형성된다. 소리만 꽂거나, 또는 이미지와 개념 두 개만 꽂으면 안 된다. 그러면 기억자체가 의식세계로 떠오르지 않는다. 따라서 소리-이미지-개념 세 곳의 저장소에 내용물을 동시에 넣으면서 네트워크를 만들어야 한다. 마치 엮은 나뭇가지 세 개를 모래 위에 동시에 꽂듯이 소리-이미지-개념을 뇌 속에 동시에 꽂아야 한다. 그리고 그렇게 기억시켜야 한다. 이미지는 감각기관이 여섯 개이므로, 공감각을 많이 사용할수록 네트워크의 안정성이 커진다.

다음은, 연결된 네트워크가 쉽게 끊어지지 않도록 하려면 수초화를 계속 진행시켜서 망을 튼튼하게 해야 한다.

이때, 반복이 핵심이다. 여러 번의 반복을 통해 새롭게 생긴 연결망인 축색의 수초화의 길을 잘 내야 한다. 네트워크를 오래 쓸 수 있게 굵고 단단하게 성장 시키려면 반복이 필요하다.

갈비를 먹을 때를 예로 들어 보자. 숯불에 익는 갈비의 시각적 이미지, 양념된 갈비가 구워지며 내는 지글지글 소리 이미지, 구수한 갈비의 냄새 이미지, 입에 넣었을 때의 맛 이미지가 모두 공감각으로 결합되어 기억된다. 이들 네 개의 감각 이미지는 '갈비 맛'이라는 개념으로 기억되고, '갈비'라는 소리로 기억한다.

중요한 것은 기억이 될 때 소리-이미지-개념, 이 세 가지가 동시에 뇌 속에 꽂힌다는 것이다. 게다가 네 개의 감각 이미지가 동시에 공감각적으로 작동한다. 이런 경우에는 기억이 매우 안정적으로 이루어진다. 따라서 소리-이미지-개념이 쉽게 잊히지 않는다.

13
자연세계란 무엇일까?

과학자들의 머릿속은 어떻게 생겼을까? 도대체 그들의 생각은 우리와 어떻게 다를까? 이 질문은 명쾌한 답이 가능하다.

과학의 기본 단위는 거리, 시간, 질량이다. 왜 과학자들은 이 세 가지를 과학의 기본 단위로 삼았을까? 세상이 아무리 복잡해 보여도 과학자에게는 단순해 보일 뿐이다.

과학자들은 '자연세계는 공간(space)이 있고, 공간 속에는 물질(mass)이 있고, 공간과 물질은 시간(time)과 함께한다'고 생각했다. 그래서 공간은 거리(m)로 대신하고, 물질은 질량(kg, 물질의 양)으로 대신하고, 그리고 시간(s)을 뽑은 것이다. 세 가지의 기본 단위가 우주에 있는 모든 것을 가장 간단하게 나타내고 있다.

이 세상에 물질이 아닌 것이 있을까? 우리 눈앞의 모든 것이 물질이다. 이 세상에 과거, 현재, 미래의 시간 밖에 존재하는 것이 있을까? 우리 눈앞의 모든 것이 과거, 현재, 미래의 시간 속에 있다. 이 세상에 우주 공간 바깥이 있을까? 세상은 모두 우주라는 한 공간 안에 있다. 세상이 공간이고, 공간이 곧 세상이다.

그러므로 자연세계는 시간, 공간, 물질로 이루어져 있다. 그런데, 이것이 전부가 아니다. 이 세 가지에 한 가지가 더 포함되어야 한다. 그것은 과연 무엇일까?

그것은 '변화'다. 시간, 공간, 물질, 그리고 그 속에서의 물질의 변화. 이 네 가지가 자연세계인 우주를 구성하는 모든 것이다. 시간, 공간, 물질은 일차적인 것이고, 변화는 이차적인 것이다. 결국 과학은 시간과 공간 속에서 물질의 변화를 연구하는 학문이다.

우리 눈앞에 펼쳐진 세계는 이리보고 저리보고 아무리 둘러봐도 자연세계 자체, 본래 모습 그대로인 것 같다. 눈을 아무리 비비고 감았다 떴다 해도 눈에 비치는 세상은 나를 속이지 않는 것 같다. 그 모습 그대로 아름다운 산이요, 바다요, 하늘이다. 이것이 자연 그 자체가 아닌가. 그래서 내 눈 앞에 있는 세상을 '자연세계'라고 이름 붙여 놓았다.

과연 그럴까? 내가 보고 있는 모습이 자연세계가 생긴 본래 모습 그대로일까?

아니다. 그렇지 않다. 지금 내 눈에 비치는 세계는 실재하는 자연세계 본래의 모습이 아니다. 그것은 인간, 아니 지금 눈을 뜨고 보고 있는 나와 당신의 뇌 속에 펼쳐진 눈에 투영되어 맺힌 상의 세계다. 감각기관으로 세상을 감각하는 생물은 결코 자연세계의 있는 그대로의 본래 모습을 담을 수 없다. 오직 감각기관에 투영되어 맺힌 상을 볼 뿐이다. 그들에게 그 상이 곧 세상의 모습이요, 우주의 모습인 것이다.

착시현상으로 환상(illusion)을 일으키는 그림은 생물의 한 종에 불과한 인간의 감각기관의 불완전성을 보여주는 단적인 예다.

꿀벌 연구로 유명한 독일의 위르겐 타우츠 박사는 그의 저서『경이로운 꿀벌의 세계』에서 나와 같은 질문을 하며 답하고 있다. 위르겐 타우츠 박사의 주장을 살펴보자.

우리가 꽃을 보고 냄새를 맡듯, 꿀벌도 인간과 비슷한 방식으로 꽃을 인식할까? 이러한 질문은 다분히 철학적이다. 우리가 살아가는 이 세상이 정말로 어떤 모습인지는 아무도 모른다. 우리는 다만 지각이 중재하는 것만을 인식할 수 있을 따름이다. 지각은 감각기관과 뇌에서 이루어진다. 그렇게 만들어진 주관적 경험은 결코 사람에게서 사람에게로 전달되지 않는다. 예컨대 '보라색'에 관한 인식은 그러한 색채 인상을 보라색으로 이름붙여 인식하도록 학습하였기 때문에 가능한 일이다. 실제로 누군가 '보라색'을 보고 있을 때, 그가 보라색을 어떻게 인식하는지 점검할 수 있는 방법은 없다. 마찬가지로 어떻게 꿀벌의 머릿속에 들어가 꿀벌의 지각세계를 공감할 수 있겠는가?

꿀벌의 시각과 후각은 꿀벌과 꽃을 이어주는 중요한 감각의 영역이다. 꽃은 인간에게도 색깔과 향기로 다가온다. 하지만 꿀벌은 인간과 전혀 다르게 꽃을 경험한다.

붉은 양귀비꽃으로 뒤덮인 들판은 꿀벌에게 검은색으로 얼룩져 보일 것이다. 그러나 꿀벌은 붉은 것에 민감하지 않은 대신 시각 스펙트럼의 짧은 파장 쪽 끝에 더 민감하다.

◀인간은 태양이 방출하는 전자기파의 일부분만을 볼 수 있다. 반면에 꿀벌이 인지하는 색의 스펙트럼은 태양 빛의 짧은 파장 쪽으로 밀려난다. 그리하여 꿀벌에게는 붉은색을 대신하여 반대편의 자외선 띠가 시야로 들어온다.

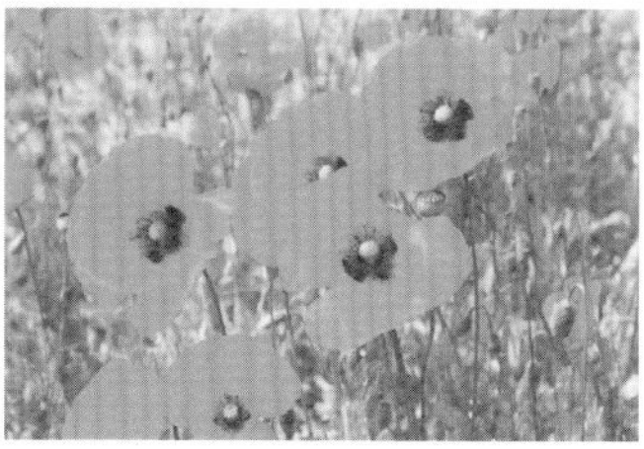

대체로 꽃잎은 자외선을 강하게 반사함으로써 꿀벌에게만 보이고 인간에게는 보이지 않는 무늬를 만들어낸다.

–위르겐 타우츠 지음, 헬가 R.하일만 사진, 유영미 옮김,
『경이로운 꿀벌의 세계』(이치) 86~90쪽

실재의 세계는 어떤 모습일까? 우리가 자연세계의 본래 모습을 볼 수 없다면, 그래서 오직 감관으로 투영되어 맺힌 상의 세계를 보고 있다면, 실재와 투영의 차이는 얼마나 될까? 그 차이는 다음과 같다고 할 수 있다.

첫째, 타고난 생물학적 감각기관의 성능만큼 차이가 난다. 둘째, 물질이 변화하는 모습의 원리와 법칙을 사실 그대로 보지 못하는 만큼 차이가 난다. 즉, 장면들의 범주화를 실상에 맞게 제대로 파악하지 못하는 만큼 차이가 난다.

장면 이미지들의 범주화가 개념이고, 개념이 단어로 연결된다는 것을 기억하자. 개념이 실상을 제대로 담고 있는가 잘못 담고 있는가 만큼의 차이가 생긴다. 감각기관의 성능과 감각기관으로 받아들인 장면들의 개념화, 이 두 가지가 실재의 자연세계에 근접하느냐 또는 차이 나느냐의 문제다.

인간은 언어를 사용하면서 장면들의 범주화를 확장시켜 왔다. 새로운 단어가 많이 생기고 개념이 확장되었다는 말이다. 한편, 자연현상의 장면들 중 범주화가 잘못된 것은 버리고 다시 개념화하는 노력을 끊임없이 해왔다.

하늘이 움직인다는 천동설을 믿던 사람들이 지구가 움직인다는 사실을 알게 되자 천동설을 버리고 지동설로 바꾼 것이 좋은 예다. 케플러가 평생을 바쳐 천체의 움직임을 관측하고, 이전의 자료와 비교하고 모든 장면들을 종합해서 밝힌 지구와 천체의 운동 모습이 그런 것이다. 이는 시간과 공간 속에서 물질이 변화하는 장면들을 종합해 범주화한 대표적인 예다. 케플러가 범주화한 개념 '케플러의 법칙'은 뉴턴에게 이어지고, 뉴턴은 새로운 장면들을 이전의 것들과 종합해서 다시 범주화했다. 자연의 운동법칙을 세운 것이다.

이 시점에 이르러서야 과학은 과학적 형태를 갖추고 제대로 된 개념을 갖기 시작했다. 또한 인간의 감각기관의 한계를 넘어서는 도구의 도움으로 보다 정확한 장면을 보는 것이 가능해졌다. 뛰어난 도구와 명확한 개념들이 합해져 과학은 가속도를 갖게 되었다. 다시 말하면, 과학이 발전하면서 자연의 본래 모습을 좀더 가깝게 보게 된 것이다. 이로써 언어와 과학과 자연세계의 관련성을 설명할 수 있다.

자연세계는 언어를 통해서 인간의 의식세계에 투영되고, 의식세계는 다시 언어를 통해서 바깥세계에 투사된다. 여기에서 언어는 일상의 언어로부터 과학, 수학, 철학, 경제학 등 모든 분야를 포함한다.

인간은 자신의 언어능력만큼의 의식세계를 만든다. 언어능력이 실재 자연세계 장면 이미지들의 범주화 능력이기 때문이다. 그리고 그 언어능력만큼 다시 자연세계를 이해하게 된다. 왜냐하면 언어능력이 자연세계를 담는 그릇이기 때문이다. 비유하면 결국 인간은 자기가 만든 그릇으로 자연세계를 담기도 하고 퍼내기도 한다.

자연세계-언어세계-의식세계

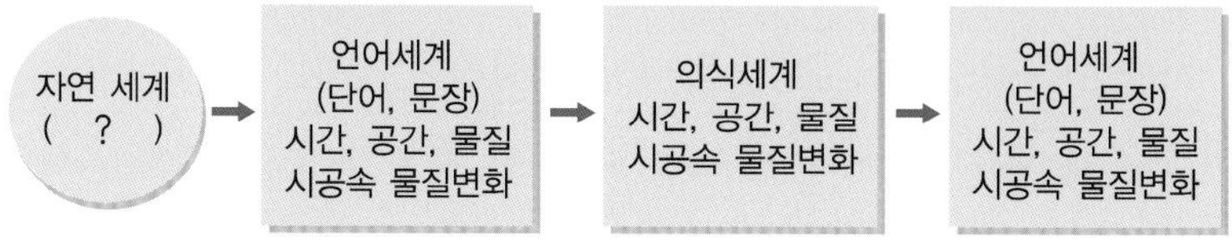

자연세계가 시간, 공간, 물질, 그 속에서 물질의 변화 등 네 가지로 구성되었다고 하는 것은 실재 자연세계의 그것이 아니라 언어세계의 그것이다. 자연세계가 실제로 무엇으로 이루어졌는지 정확히 아는 사람이 정말 있을까. 설령, 누군가가 안다고 해도 그것은 실재가 아닌 언어세계에 불과할 뿐이다.

가장 최근 과학이론으로 우주 빅뱅이론을 들 수 있다. 실험과 관찰 등을 통해 빅뱅이론이 사실로 확인되어가면서 우주와 자연세계에 대한 새로운 개념이 정립되고 있다. 종래의 많은 개념이 바뀌면서 우리의 생각 또한 변화되어 간다. 빅뱅이론은 우주의 탄생과 근본, 자연세계를 가장 근접하게 이해하게 만든 이론이라고 한다.

그러나 이것 역시 언어의 세계다. 감각기관의 감각 능력과 장면의 범주화 능력이 결합된 언어의 세계인 것이다. 인간의 감각 능력을 넘어서기 위해 WMAP 같은 인공위성을 띄워서 빅뱅 초기에 쏟아진 빛을 관찰 검출하는 감각 행위와 그 사진 및 데이터들을 해석해 범주화시키는 능력이 결합하여 빅뱅의 개념을 다시 언어로 표현하는 것이다. 결국 과학도 언어에 귀속되고 만다.

자연세계가 네 가지 요소로 이루어졌다면, 언어는 단어와 문장으로 이루어졌다. 이 책에서 말하고 있는 개념들은 모두 단어와 문장으로 이루어졌다. '시간'도 단어고, '공간'도 단어며, '시공 속의 물질들의 변화로 이루어졌다'도 단어가 연결된 문장이다. 이렇듯 언어의 세계는 단어와 문장으로 되어 있다.

시간, 공간, 물질이 자연세계를 이루는 소재라면 단어는 언어세계를 이루는 소재다. 시간과 공간 속 물질의 변화가 옷감과 옷이라면 문장이 언어세계의 옷감이요 옷이다.

과학자들은 시간, 공간, 물질이 어떻게 모이고 흩어지면서 자연세계를 만들어 가는지 밝혀내려 한다. 이 책은 단어가 어떻게 모이고 흩어져서 자연세계, 또는 인간세계와 인간의 의식세계를 만들어 가는지 알아보고자 한다. 과학자들이 자연세계를 과학적 법칙으로 보여주었다면, 이 책은 영어 학습을 위한 언어세계를 과학적으로 간단하게 보여주고자 한다.

14
문장이란 무엇일까?

언어학자들의 오류

문장이란 "문법적으로 충분히 독립된 단위로서 하나의 단어, 혹은 통사적으로 서로 관련된 단어들의 집합으로 구성되는 문법단위"이다.

브리태니커 인터넷 백과사전 첫머리에 실린 내용이다. 이어서 백과사전은 문장에 대한 언어학자들의 정의를 설명하고 있다.

문장(문법)

문법적으로 충분한 독립된 단위로서 하나의 단어, 혹은 통사적으로 서로 관련된 단어들의 집합으로 구성되는 문법단위.

문장의 단위를 어떻게 규정하느냐 하는 문제는 그동안 많은 언어학자들에 의해 논의되었지만 만족스러운 정의는 아직 없다.

전통문법에서 문장은 그 자체로 충분한 의미를 구성하는 단어들의 집합으로 여러 개의 절을 포함할 수 있다는 점에서 절과 구분된다. 그러나 이런 정의는 한 문장이 지니는 것과 동일한 의미가 단 하나의 단어에 의해서 표현될 수 있기 때문에 문제점을 지닌다. 이런 정의의 불완전성 때문에 현대문법에서는 문장의 정의를 내리기보다 '문장을 구성하는 것' 또는 '문장'이라 불리는 모든 실체 안에서 나타나는 특성들에 대해 논의한다. 이런 관점에서 볼 때, 문장은 그 구성요소들이 하나의 기능을 수행하는 발화이며 담화 속에서 억양을 지니는 것이다. 특히 동사가 없는 문장에서의 억양은 고립된 하나의 단어, 또는 단어군과 한 단어로 된 문장을 구별시켜준다. 문장이 지니는 목적은 어떤 사람, 또는 어떤 일(주제 : theme)에 대해 무언가를 발화(서술 : predicate)한다는 것이다. ① 문장의 짜임새 : 문장은 단문과 복문으로 나뉜다. 단문은 주어가 하나 이상이더라도 서술어와의 관계가 1번만 성립될 경우의 문장이고, 복문은 병렬, 등위(等位), 종속된 2개 이상의 절을 지니는 경우의 문장이다. 복문에서 병렬이나 등위로 접속된 절들은 문법적으로 충분히 자율성을 지녀서 각 절들이 단문으로 될 수 있는 반면, 종속절은 그 자체로는 단문으로 기능하지 못하고 주절의 도움을 필요로 한다. ② 문장종결법 : 화자는 종결어미에 의해 청자에게 자기의 생각을 여러 가지 방식으로 표현할 수 있다. 자기의 생각을 평범하게 진술할 수도 있고 물을 수도 있으며, 상대방에게 어떤 일을 시키거나 같이 행동할 것을 권유할 수도 있다. 국어의 문장종결법은 학자에 따라 4~8가지를 인정하고 있으나 일반적으로 평서문·감탄문·의문문·명령문·청유문의 5가지로 구분된다.

서양의 경우 문장의 정의를 내릴 때 학교문법의 정서법적인 규정을 제시해서 '하나의 문장은 대문자로 시작해 마침표로 끝을 맺는 단어들의 연계이다'라고 하기도 하나 이런 규정은 올바른 정의라 할 수 없다. 한 문장을 따로 떼어서 관찰하면 성분들 사이의 관계를 기계적으로 분석하거나, 문장 혹은 그 구성요소들의 의미를 단순하게 파악할 수밖에 없다. 그러나 화자와 청자를 설정하고 장면의 성격을 고려하면 구성성분들의 기능과 문장이 지니는 의미도 다양하게 설명될 수 있다. 이와 같이 문장이 쓰이는 구체적인 맥락을 '이야기'라고 부른다. 문장은 주어·서술어 등 필수적인 몇 개의 성분을 중심으로 살을 붙이고 가지를 쳐나가지만 이야기는 화자와 청자를 중심으로 구체적인 장면이 설정됨과 동시에 심리적·사회적 요인이 영향을 미친다는 점에서 문장과 이야기는 구별된다.

출처 : "문장." Encyclopædia Britannica. 2010. Encyclopædia Britannica Online.

언어학자들이 생각하는 단어는 무엇일까?

브리태니커 백과사전은 "단어는 언어 단위의 하나"지만 "단어가 무엇이냐에 대해서는 아직 명쾌하게 규명되어 있지 않다"고 말하고 있다. 그리고 그 이유를 학자마다 언어에 대한 정의가 다르기 때문이라고 설명하고 있다.

단어(언어학)

언어 단위의 하나.

단어가 무엇이냐에 대해서는 아직 명쾌하게 규명되어 있지 않다. 영어를 비롯한 외국어에서는 물론 국어에서의 단어에 대한 정의도 학자에 따라 달리하고 있음을 볼 수 있다. 이와 같이 단어의 정의가 분명히 드러나지 못하고 있는 까닭은 단어에 대한 관점의 차이에서 온 것이라고 할 수 있다. '어떤 일정한 의미와 결합된 음의 연속으로서 문법적으로 일정한 용법을 가질 수 있는 단위', '궁극적인 최소의 의미 단위', '단어는 랑그의 단위요, 문장은 파롤의 단위', '최소 자립형식' 등으로 단어의 정의를 내리고 있는데, 이들은 각각 음운론적·형태론적·의미론적 또는 통사론적인 관점에서의 정의라고 할 수 있는 것이다. 그러나 각각의 정의는 그 나름의 문제들을 가지고 있다고 할 수 있다.

국어의 경우를 예로 들어보면 다음과 같다.

"영미가 밥을 지었다."

위의 예에 대한 학자들의 단어를 보는 견해는 다음의 몇 가지로 나뉜다.

① 영미, 가, 밥, 을, 지, 었다
② 영미, 가, 밥, 을, 지었다
③ 영미가, 밥을, 지었다

①은 조사와 어미를 단어로 인정하고 있는 것이며, ②는 어미는 단어로 인정하지 않는 반면에 조사만을 단어로 인정하고 있는 것이다. 또한 ③은 조사와 어미 모두를 단어로 인정하지 않는 태도이다. 국어에서는 체언과 용언 그리고 관형사와 부사, 감탄사를 단어로 인정하는 데는 이견이 없으나 조사와 어미의 처리에 관해서는 이견을 보이고 있는 것이다. 단어를 의미론적인 면에서 보는 견해에 따르면 앞의 ①에서와 같은 태도를 취하게 되고, 음운론적인 태도로 본다면 ③과 같은 결과를 보이게 되는 것으로 이해할 수 있다.

출처 : "단어." Encyclopædia Britannica. 2010. Encyclopædia Britannica Online.

아니 이게 무슨 말인가. 문장이 단어의 집합이라고 정의하면서 단어는 언어 단위의 하나지만 무엇이라고 명쾌한 정의가 없다고?

당연히 의문이 생길 수밖에 없다. 집은 벽돌로 짓는다고 하면서 벽돌이 무엇인지도 모른다면 집을 어떻게 지을 수 있겠는가.

하지만 걱정하지 않아도 된다. 왜냐하면 수많은 언어학자가 문장은 무엇이고, 단어는 무엇이고, 조사는 무엇이고, 접속사는 무엇이라고 연구한 온갖 문법과 연구로 우리가 말하고 글을 쓰는 것이 아니기 때문이다.

언어학자들이 언어학이라는 것을 들고 나오기 전부터 사람들은 말하고, 글을 썼다. 그것도 아무 문제 없이 아주 잘해왔다. 감동이 넘치고 감탄이 절로 나오는 수많은 명문들이 언어학자의 도움 없이 탄생했다. 문법 없이도 용비어천가와 정철의 관동별곡이 있었고, 소동파의 적벽부가 있었고, 셰익스피어의 햄릿이 있었다.

도대체 언제부터 문법이 문장 공부에 문제가 되기 시작했을까?

문법 연구는 지금으로부터 2,500년 전까지 거슬러 올라간다. 인류 최초의 문법이라고 알려진 인도의 산스크리트 문법은 베다성전을 순수하게 보전한다는 실제적인 목적으로 연구되기 시작해 B.C. 5세기 파니니라는 학자에 의해 꽃피웠다. 이후 그리스, 로마, 르네상스를 넘어 20세기에 이르면서 문법은 언어학으로 편입되었다.

문법의 기능과 목적이 '베다 성전을 순수하게 보전한다'는 데 있었다는 대목에 주목할 필요가 있다. 그것은 고대 인도인들이 문법의 기능과 목적을 가장 실용적으로 나타냈다고 볼 수 있는 매우 중요한 포인트이기 때문이다.

문법은 한 마디로,

'이렇게 되고 있다.

→ 그러므로 이렇게 되어야 한다.

→ 그래야 이렇게 유지된다'이다.

따라서 문법은 그 시대와 지역에서 통용되고 있는 언어의 체계가 '이렇게 되고 있다'에 대한 연구다.

20세기 초 전 세계가 긴밀하게 교류하게 되자 외국어를 습득하는 일이 중요해졌다. 언어학자들은 자국의 문법을 충분히 연구했고, '이렇게 되고 있다'라는 새로운 자료를 언어 습득과 가르침의 기본 자료로 활용했다. 필요에 의해서 외국어를 배우는 소수의 사람들에게 그 자료는 참으로 유용했다.

20세기 중반을 넘어서면서 영어 습득은 많은 나라의 국가적 과제로 부상하였다. 학생들은 학교에서 의무적으로 영어를 배우게 되었다. 특정한 몇 명의 사람들이 배울 때와 학교에서 의무적으로 교육받을 때는 문제가 달라진다. '이렇게 되고 있다'는 것만으로는 '**다수를 효율적으로 교육시킬 수 없다**'는 것을 깨달아야만 하는 것이다.

언어학자들은 이러한 교육환경에 맞는 새로운 자료를 내놓아야 했다. '**이렇게 되고 있기 때문에 이런 환경에서는 이렇게 가르치고 배워야 효율이 높아진다**'고 말이다.

그런데 그동안 획기적인 언어교육 프로그램이 있었는가? '이렇게 되고 있다'는 것 외에 무엇이 있었나? 아무것도 없었다. 오히려 '이렇게 되고 있다'에 '이렇게 되어야 한다'까지 추가된 문법이 판을 쳤다. 영어 습득은 점점 더 어렵게 생각되고, 영어를 구사하는 사람은 뭔가 대단해 보이는 이상한 현상이 나타나게 된 것이다.

21세기가 시작된 지 벌써 10년이란 시간이 지났다. 그럼에도 여전히 언어학자들은 침묵하고 있다. 지난날 언어학자들이 범한 오류는 무엇인가. 이에 대해서 다음 두 가지를 지적할 수 있다.

첫째, 언어 습득 및 언어 구사는 운동 행위임에도 불구하고 사고 행위로 규정하고 전파한 것이다. 둘째, 언어 습득 및 언어 구사의 핵심 요소인 단어와 문장을 문자 또는 문법적으로만 정의하려고 했으며, 결국 그마저도 제대로 못했다는 것이다.

그동안 문법 관련 학설이나 이론들이 많아도 그것들이 수렴되어야 할 목표지점이 뚜렷하지 않았다. 문법의 정의마저도 문자적·문법적으로 분화되었다. 때문에 여러 가지 학설이 통일되지 않은 채 난무했다.

이론이나 학설이 수렴될 목표를 과학적 실용성에 두었다면 그 이론과 학설은 지금 제대로 쓰이고 있을 것이다. 과학에서 처음에는 여러 이론과 가설들이 나오지만 실험과 관찰을 통해 실제 현상에 부합되는 이론만 법칙으로 남게 되는 것과 같다.

언어가 인간 의식에서 발현되는 과학적 현상임을 상기하고, 다시금 들여다볼 필요가 있다. 베다성전을 순수하게 보전하기 위해 시작된 2,500년 전의 '이렇게 되고 있다'라는 문법을 지금은 고집하지 말아야 한다. 그리스 시대의 원자설을 지금까지 고집했다면 오늘날 빅뱅 이론은 만날 수 없었을 것이다. 원자설이 바뀌었다고 원자가 달라지지는 않는다.

마찬가지로 단어와 문장을 기존의 틀에서 벗어나 새롭게 정의한다고 해서 지금 우리가 사용하는 단어와 문장이 달라지는 것은 아니다. 영어를 효율적으로 가르친다는 목표로, 단어와 문장을 새롭게 정의하고 이에 따른 교육 프로그램을 개발해야 한다.

또한 언어학을 과학적·실용적으로 다시 접근해 재정립해야 한다. 그러면 언어학은 모든 학문의 시작이며 종착이 될 것이다. 한마디로 학문의 허브 역할을 하게 되는 것이다. 인간은 언어를 통해 자연세계를 투영하고, 언어를 통해 자연세계를 투사하기 때문이다.

어떻게 하면 사람들에게 적은 비용으로 빠르고 확실하게 수준 높은 영어 능력을 갖게 해 줄 것인가에 초점을 맞춘 연구가 필요하다. 그것이 바로 실용주의 과학정신이며, 언어학이 더이상 과학의 영역을 피해갈 수 없는 이유다.

단어와 문장의 새로운 정의

말하고 글을 쓰는 것은 언어학의 문제가 아니다. 그렇다고 문법의 문제도 아니다. 말하고 쓰는 것은 감각, 기억, 운동의 문제다. 느낌과 감동과 울림의 문제인 것이다.

지금까지 단어에 대한 과학적 구조와 기능을 얘기했다. 구조와 기능을 한마디로 메커니즘(mechanism)이라 한다. 과학은 메커니즘 규명의 역사라 해도 과언이 아닐 만큼 메커니즘은 모든 연구의 핵심이다. What, Why, How의 시작이요 모든 것이다. 분자, 원자, 양성자, 중성자, 전자, 쿼크, 세포, 세포핵, 엽록체, 미토콘드리아, DNA 등 모두가 메커니즘이 무엇인가에서부터 시작되었다.

지금도 인간 뇌의 메커니즘을 규명하려는 과학자들의 호기심은 계속되고 있다. 메커니즘이 규명되면 이해가 가능하고, 원하는 대로 다룰 수 있게 된다.

따라서 뇌의 메커니즘이 규명되면 뇌가 이해될 것이고, 인간이 이해될 것이다. 하지만 인간 뇌의 메커니즘을 완전히 규명하는 일이 가능한 일인지는 알 수 없다.

언어를 알고 핸들링하기 위해서는 언어를 구성하는 기본 단위인 단어와 문장의 메커니즘을 정확히 가장 먼저 이해해야 한다. 지금까지 없었던 새로운 이론으로 단어의 구조와 기능을 설명한 것도 이 때문이다.

지금으로부터 12년 전인 1997년, 나는 MIT에서 박사 후 연구과정에 있었다. 발견된 지 채 2년도 안 된 '솔리터리 웨이브(solitary wave)'라는 새로운 현상을 연구 중이었다.

그동안 존재하지 않았던 현상이 처음 나타나면, 그것이 무엇이고, 왜 그런지 What과 Why를 밝히는 것이 과학의 연구 순서다. 당시 나는 What과 Why를 찾기 위한 실험을 준비하면서 현상을 보다 자세히 반복적으로 관찰하고 있는 상태였다.

평소 학문에 호기심이 컸던 나는 건너편 건물에서 진행되는 인지과학 분야의 강의를 자주 들었다. 인지과학은 인간의 뇌를 이해하기 위해 언어학, 신경생물학, 컴퓨터과학, 기계공학, 심리학 등 여러 분야의 사람들이 함께 연구하는 분야다. 특히 나는 언어학, 신경생물학, 심리학, 동물생태학에 관심이 많았다.

인지과학 분야 중 언어학 강의는 언어구조론만 두세 달 내내 계속되었다. 무척 따분한 강의였다. 교수의 강의스타일 때문이 아니라 내용자체가 나의 기대감을 채워주지 못했다. 나는 온통 '이것이 뇌의 이해와 어떤 관련이 있나'하는 데에 생각이 쏠렸다.

그러던 어느 날, 언어학 강의가 끝난 뒤 교수와 캠퍼스를 걸을 기회가 생겼다. 문득 나는 평소에 궁금했던 것을 물어보고 싶었다. 뇌 속 언어의 메커니즘에 관한 것이었는데, 언어학 교수는 그것을 어떻게 생각하는지 궁금했던 것이다.

나는 언어에 대해 비유적으로 물었다.

"교수님, 말을 한다는 것은 피아노를 치는 것과 같지 않을까요? 피아노를 배운 사람이 떠오르는 느낌을 피아노 건반을 치면서 표현하는 것처럼 말이죠.”

교수의 대답은 한마디로 ‘NO’였다. 언어구조론 강의를 하는 교수답게 그는 말을 하는 것은 각 언어의 구조적 특성에 맞게 단어를 배열하는 것이라고 강조했다. 그의 얘기를 들으며 나는 생각했다.

‘내 말이 틀리지 않은 것 같은데 왜 노(NO)지? 내 비유를 못 알아들었나? 강의 들을 때도 머리가 지끈거리고 아팠는데, 또 무슨 구조고 배열이람. 이 교수는 구조에 구조화된 사람이군.’

연구논문을 마치고 한국으로 돌아온 후 나는 서양인에 대해 생각해 보았다. 무엇이 그들로 하여금 오늘날의 과학을 있게 만든 것일까? 그들은 동양인과 근본적으로 무엇이 다른가? 내가 도출해낸 답은 논리적 사고와 직관적 사고, 분석적 관찰과 통합적 관찰이었다.

서양인은 논리적 사고와 분석적 관찰을 본능처럼 한다. 반면 동양인은 직관적 사고와 통합적 관찰을 본능적으로 한다. MIT의 언어학 교수와 나는 똑같은 현상을 각각 서양인과 동양인의 관점에서 말했을 뿐이다. 다시 말해, 같은 얘기를 다르게 표현한 것이다.

MIT에서 인지과학 분야의 강의를 들을 때부터 지금까지 10년이 넘도록 나는 언어, 뇌, 인지, 마인드 등에 관해 끊임없이 생각하고 연구했다. 그리고 그 연구 결과를 정리해서 이렇게 책으로 쓰고 있다.

지금 생각해 보면, MIT의 언어학 교수의 말은 맞았다. 다만 그는 구조에 너무 구조화되어 있었고, 언어에 너무 언어화되어 있었던 것뿐이다.

구조와 언어를 버릴 수도 있어야 언어와 구조의 새로운 모습이 눈에 들어온다. 논리를 버릴 때 직관을 만나고, 직관을 버릴 때 논리를 만나듯이 말이다. 분석적 관찰을 버릴 때 통합적 관찰을 하고, 통합적 관찰을 떠날 때 분석적 관찰이 가능하듯이. 이처럼 양쪽을 모두 버리면 양쪽을 모두 만나게 된다.

단순히 말장난 하는 게 아니다. 논리와 직관이, 분석과 통합이 한 곳에서 만날 때 역동적인 새로움이 창조된다. 많은 분량을 할애하며 앞에서 설명했던 단어에 대한 모든 장면을 이제 하나의 문장으로 정의할 수 있다.

단어

① 단어는 감각과 운동의 대뇌 처리 속도에 동기화될 수 있는 클럭 속도 분량의 소리 음절 수로 된 하나의 이미지에서 다수의 이미지에 이르기까지 범주화된 개념을 담은 한 장의 그림카드다.
② 단어는 소리로 된 이미지와 개념을 담은 한 장의 그림카드다.
③ 단어는 소리로 된 한 장의 그림카드다.

①은 단어를 범주화시키는 데 쓰였던 셀 수없이 많은 그림카드를 하나의 문장으로 줄인 것이고, ②와 ③은 보다 짧은 문장으로 줄인 것이다. 여러 장의 그림카드를 범주화시켜서 한 장의 그림카드가 되면, 그것은 '단어'라는 단어의 그림카드가 된다. 모든 단어가 한 장의 그림카드이듯 단어 자신도 한 장의 그림카드가 되는 것이다. 단어라는 말도 하나의 단어이기 때문이다.

단어의 정의에서 단어를 '그림카드'라고 한 것이 독특하다. 앞에서 설명했지만 모든 단어는 이미지가 내면화된 개념이므로, 그 근원은 이미지다.

개념의 필름을 거꾸로 주-욱 돌리면 이미지 그림이 나오게 된다. 한 장도 있고, 몇 장이 이어진 것도 있고, 수십 장 아니 수백 장이 이어져 하나의 개념, 한 장의 그림카드, 하나의 단어를 만든 것도 있다.

문장

① 문장은 단어의 연결된 배열로 시공 속의 물질과 의식의 변화와 흐름을 범주화하여 묘사할 수 있는 단어들의 체계적인 배열 모음이다.
② 문장은 물질과 의식의 변화와 흐름을 묘사할 수 있는 단어들의 체계적인 배열 모음이다.
③ 문장은 단어들의 체계적인 배열 모음이다.

여기에서도 ②가 적절한 길이로 빠짐없이 잘 정의되어 있고, ③은 역시 단순하게 강조 정리되어 기억하기 좋도록 정의되어 있다. 여기에서 '문장은 소리 그림카드들의 체계적 배열이다'와 같이 '단어'라는 말 대신 '소리 그림카드'라는 말을 넣으면 보다 그림같이 문장을 이해할 수 있다.

우리는 말을 문장으로 하기 때문에, 말을 하는 것은 소리 그림카드를 연속적으로 꺼내는 것이 된다. 한번 상상해 보라. 당신이 마음속으로 말하고자 하는 순서에 맞게 그림카드를 차례대로 꺼내고 있는 모습을 말이다. 상대방은 당신이 내놓은 그림카드들을 차례로 보고 당신의 마음을 읽는다. 단지 이것이 소리로 이루어지고 있을 뿐이다.

영어나 외국어를 습득하는 것은 단 두 가지 방법으로 귀결된다.

첫째, 소리의 그림카드를 많이 갖는 것이다.

둘째, 그림카드를 꺼내 배열하는 원칙을 습득하는 것이다.

셋째, 소리의 그림카드 배열속도에 싱크 되어야 한다.

이 두 가지가 전부다. 두 가지 중 첫 번째가 더 많은 시간과 노력을 필요로 한다. 왜냐하면 시작과 함께 평생 진행되어야 하기 때문이다. 첫 번째는 영어 능력을 판가름 내는 성공의 척도다. 두 번째는 몇 개월이면 배열의 규칙에 대한 이해가 가능해 습관화시킬 수 있다. 기억의 문제가 아니라 이해를 바탕으로 한 규칙과 훈련의 문제이기 때문이다.

15
뇌 속 언어의 풍경화

'뇌 속 언어의 풍경화 모습'을 살펴보면, 이미지는 이미지들끼리 그룹 내에서 상호 연결되어 있다. 또한 개념들도 그룹 내에서 서로 연결되어 있다. 여러 개의 이미지가 모여 범주화되면 하나의 개념이 만들어진다. 범주화(categorization)는 앞에서도 언급했듯 비슷한 것끼리 묶어 카테고리를 나눈다는 의미다.

하나의 이미지는 하나의 개념을 만들 수 없다. 엄밀히 말하면, 하나의 이미지는 기존의 이미지 소그룹과 연결되면서 하나의 개념을 만드는 것이므로, 완전히 독립된 하나의 이미지만으로는 하나의 개념을 만들 수 없는 것이다.

범주화는 몇 개의 무언가가 모였을 때 그들 사이의 공통점을 찾아내어 그 대표적 개념을 추출하는 과정이다. 따라서 단 하나의 이미지만으로는 어느 방향으로 개념화할지 알 수 없기 때문에 마치 하늘에서 사막에 떨어진 사람이 가야할 방향을 알 수 없는 것과 같다.

뇌 속 언어의 풍경화 모습

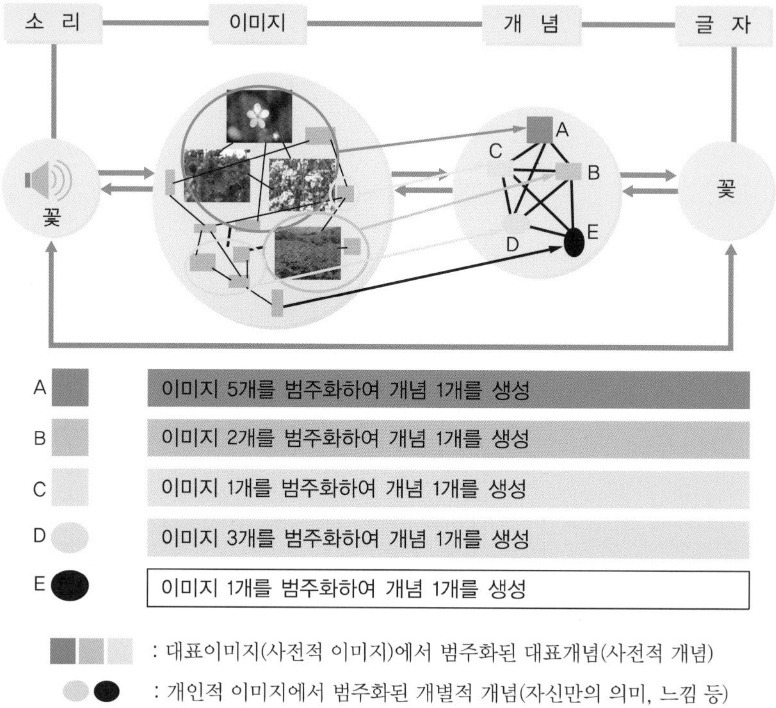

(이미지 1개만으로는 범주화될 수 없기 때문에 가까이 연결된 작은 그룹과 조합되어 생성된다.)

하나의 단어는 소리와 글자는 하나지만 이미지는 여러 개를 갖는다. 개념 또한 이미지 수보다는 훨씬 적지만 여러 개를 가질 수 있다. 그래서 이미지와 개념은 각각 그룹을 이룬다. 수학에서의 집합을 상상하면 될 것이다.

이미지그룹 내의 각 이미지들은 다시 소그룹을 가질 수 있으며, 이들은 모두 서로 연결되어 있다. 이는 이미지가 단어그룹으로 찾아 들어갈 때 즉각적으로 연결되면서 들어가는 것을 말한다. 한편 단어그룹 내에서 매우 작은 미묘한 느낌들의 차이로 이미지는 소그룹을 달리하기도 한다. 개념의 그룹도 이와 같다. 개념그룹에서 비슷한 의미는 서로 가깝게 붙어 있다고 볼 수 있다.

우리는 상대방이 '꽃'이라고 말했을 때, 그 소리가 어떤 이미지와 어떤 개념으로 연결되는지 실제로 알 수 없다. 오직 나의 것만 알 수 있다. 비슷한 말의 탄생은 여기에서 비롯된다. 비슷한 말이란 개념은 비슷하면서 느낌이 다른 말이다. 흔히 어감이 다르다고 표현한다. 비슷한 말은 하나의 단어그룹 내 소그룹 사이의 미묘한 이미지의 차이를 간파하고 다른 소리를 붙인 것이다.

비슷한 말은 서로 다른 지역에서 발생한 것이 합류되는 경우가 있을 수 있고, 동일 지역 내의 사람들에 의해 만들어지는 경우가 있을 수 있다. 또는 시간에 의존될 수도 있다.

비슷한 단어들의 소리와 글자들은 그룹화가 가능하다. 그러나 실제 뇌 속에서는 각각의 소리로 기억되고 각각의 글자로 기억된다. 소리 자체만으로는 연관성이 없는 별개의 소리일 뿐이다. 글자 자체만으로도 연관성이 없는 별개의 글자일 뿐이다.

그럼에도 불구하고 그 각각의 소리들과 소리에 대응되는 글자들은 하나의 이미지그룹과 개념그룹을 같이 사용한다. 소리는 하나의 이미지그룹에 연결되고, 그룹 내 소그룹에 다시 연결된다. 어느 이미지에 연결되는지는 본인 외에는 알 수 없지만 큰 그룹을 연결하고 소그룹을 찾아가는 경로는 이와 같다.

각 소리와 이미지가 연결이 된 후에 비로소 이 소리와 저 소리, 이 글자와 저 글자가 비슷한 말임을 알게 된다. 이때 사람마다 자신의 어감에 가장 잘 어울리는 이미지와 개념을 선택한다.

이미지를 떠올리고 소리를 선택하는 순서도 이와 같다. '가까이 오다'와 '다가오다'는 비슷한 말이다. 당신의 뇌 속에서는 어떤 이미지와 개념이 서로 연결되고 있는가?

어떤 소리의 대표적 이미지와 개념, 개인적 이미지와 개념은 하나의 큰 이미지그룹과 개념그룹에 함께 있을 수 있다. 여기에서 대표적 이미지란 사전적 이미지이고, 대표적 개념이란 사전적 개념을 말한다. 우리는 대부분의 단어를 사전적 개념으로 받아들인다. 사전적 개념을 도출시키는 이미지들은 사전적 이미지라 한다. 일반적인 의사소통은 사전적 이미지와 개념의 주고받음으로 진행된다.

한편 우리는 자기만의 이미지와 자기만의 범주화된 개념, 즉 개인적 이미지와 개념을 모두 가지고 있다. 이는 누구든지 예외 없이 가지고 있다.

지금 이 글을 쓰고 있는 서재의 창문 밖으로 도시 전체가 내려다보인다. 도시에서 가장 높은 곳에 있기 때문이다. 도시를 굽어보는 산 위에 지은 아파트를 상상해 보라. 태백의 준령이 병풍처럼 쳐져있고, 그 속에 도시가 손바닥처럼 오롯이 놓여 있다. 산은 열두 폭 병풍이 모자라 한 쪽은 바다를 향해 열려 있다. 하늘과 산과 도시와 바다, 도시를 가로질러 바다로 이어지는 강, 이 모두가 발아래 시원스레 펼쳐져 있다.

지금 이 순간 여름비가 무척 세차게 내리고 있다. 마치 저 아래 도시가 몽땅 휩쓸려 갈 것만 같다.

'비'에 대한 이 장면, 이 이미지는 나만의 것이 된다. 이 장면에, 이 이미지에 어떤 소리를 붙이면 좋을까? 비, 그냥 비가 좋겠다. 그러나 해맑은 어느 가을날, 도시의 거리를 걷다가 우연히 '비' 라는 소리를 듣게 된다면 나는 지금의 이 장면을 떠올리게 될 것이다. 아무도 갖고 있지 않을 이미지를, 이 느낌을 말이다.

다음은 '꽃'에 대한 두 편의 시다. 시를 읽으면서 꽃에 대한 나만의 장면과 이미지를 떠올려보고 나만의 소리를 붙여보자.

꽃

김 춘 수

내가 그의 이름을 불러주기 전에는
그는 다만
하나의 몸짓에 지나지 않았다.

내가 그의 이름을 불러 주었을 때,
그는 나에게로 와서
꽃이 되었다.

내가 그의 이름을 불러 준 것처럼
나의 이 빛깔과 향기에 알맞은
누가 나의 이름을 불러다오.

그에게로 가서 나도
그의 꽃이 되고 싶다.

우리들은 모두
무엇이 되고 싶다.
너는 나에게 나는 너에게
잊혀지지 않는 하나의 눈짓이 되고 싶다.

꽃

최 종 근

'꽃'을 보았다.
나의 꽃은
너의 꽃과 같은가?

하나의 소리
하나의 글자
그러나 느낌은
하나가 아니다.
느낌은 오직 나만의 것이다.
그것이 비록 모두의 것들과
궤를 같이 한다 해도
오직 나만의 색깔로 채색된다.

우리 모두는
나의 색깔의 아름다움을 위하여
나의 빛깔의 반짝임을 위하여
책을 읽고, 여행을 하고, 생각을 한다.

꽃,
내가 소리로
그것을 꺼낼 때마다
그것은 빛깔을 바꾸어
그대의 색깔이 된다.

우리는 영원히
하나의 빛깔을
하나의 색깔을
하나의 꽃을
보기가 어렵다.

영원히 우리는
하나의 언저리를 배회하며 함께 볼 뿐.

그리고 말할 뿐이다
함께 보았다고.
그리고 생각할 뿐이다
같은 꽃을 보았다고.

Ⅱ

영어를 위한 7가지 WHY

우리의
뜨겁고 복잡한 감정과
냉철하고 논리적인 이성은
모두 어디에 담겨 있을까?

인간의 모든 감정과 이성은
문장도 아니고 문법도 아닌
단어에 묻어 있고,
단어에 배어 있고,
단어에 고스란히 담겨 있다.

그것도 글자가 아닌 소리로 된 단어,
소리단어에…….

01

왜 영어는 사고학습이 아닌 운동학습일까?

'사람만 학습을 한다. 다른 동물은 학습을 하지 않는다.'

이 명제는 얼마 전까지는 참이었지만 지금은 거짓으로 바뀌었다. 흩어져 사라져버리는 소리와 장면들을 카메라 영상에 담을 수 있게 된 후로 많은 곳에서 인식의 전환이 필요한 연구결과들이 나오고 있기 때문이다. 학습에 관한 위의 명제도 그중 하나다.

동물 행동 연구학자들은 포유류는 침팬지, 조류는 당까마귀에 대한 연구에서 놀랄만한 사실을 보여준다. 그중 침팬지가 흰개미 먹이를 잡기위해 나뭇가지를 낚싯대처럼 다듬는다는 연구결과는 익히 알려진 사실이다.

가장 최근 자료는 당까마귀에 관한 것이다. 영국의 케임브리지대학 동물 행동 연구실에서 진행된 실험에서 당까마귀는 좁고 긴 물병 속의 벌레를 먹기 위해 부리로 돌을 집어넣어 수위를 높인 다음 벌레를 잡아먹는 행동을 보였다. 당까마귀는 큰 돌이 작은 돌보다 효과적임을 알고 큰 돌을 골라 넣는 영리함도 보였는데, 당까마귀의 이러한 행동은 우리를 참으로 놀라게 한다. 한 편의 이솝우화가 21세기에 사실로 나타난 것이다. 누가 인간만이 학습한다고 하겠는가? 누가 인간만이 생각한다고 하겠는가?

학습이 무엇이고 어떻게 이루어지는지 정확하게 알면 학습을 효율적으로 할 수 있다. 무언가를 쉽게 배울 수 있다. 반면, 학습이 무엇이고 메커니즘이 어떤지 모르면 배움이 어렵다. 쉽게 배울 수 있는 것을 어렵게 배우게 된다. 이것이 바로 학습에 대한 연구가 필요한 이유다.

사람들은 부지런히 학습을 하면서도 학습자체에 대한 자신들의 뇌 속의 일은 잘 모른다. 백과사전에 '학습의 종류'를 찾아보면 두 가지 종류가 나온다. 바로 '운동학습'과 '언어학습'이다.

언어학습은 다른 말로 개념학습 또는 사고학습이라 한다. 언어학습은 지식의 획득을 위해 언어기호를 이용한 학습을 말한다고 나와 있다. 운동학습은 근육의 반응에 관계되는 학습으로 지금까지 언어학습과 함께 인간의 2대 학습 중 하나로 알려져 있다. 예를 들어, 컴퓨터 자판을 두드리거나 피아노를 치는 학습을 대표적인 운동학습으로 여긴다.

언어학습과 운동학습의 구분은 외양적인 것에 기준을 둔 분류이며, 기준은 언어기호에 있음을 알 수 있다. 백과사전에 있는 것이 모두 맞다고 볼 수는 없다. 시대가 지나고 연구가 진행됨에 따라 백과사전의 내용이 수정되어야 할 경우도 생긴다. 학습에 대한 백과사전의 내용이 바로 이런 경우에 해당된다.

이 분류기준에 의하면 영어 학습, 외국어 학습은 분명히 운동학습이 아닌 사고학습이 된다. 언어기호를 사용한 지식의 습득인 것이다.

모든 영어교재는 영어 문자와 발음기호로 채워져 있어서 책을 통해 영어 단어와 문장을 습득하는 학습방법, 즉 사고학습이 딱 맞는 말이 된다. 백과사전에 정확하게 명시되어 있을 만큼, 사람들은 영어 학습이나 다른 외국어 학습을 당연히 사고학습이라고 생각한다.

하지만 학습을 '운동하는 어떤 것'과 '사고적인 것, 즉 생각하는 어떤 것'으로 구분한 것은 적절하더라도, 그것을 분류하는 기준에 대한 근거가 매우 비과학적이다. 따라서 백과사전에 쓰여 있는 학습의 구분은 잘못되었다고 볼 수 있다.

학습을 구분하는 기준에 대한 근거는 과학적인 것으로 바꾸어야 한다. 학습의 구분을 '소뇌와 대뇌의 종합적인 네트워크 학습인가, 아니면 대뇌만의 학습인가'의 기준으로 운동학습과 사고학습을 구별해야 한다. 그리고 추가적으로 감각과 운동 사이의 반응시간을 기준으로 운동적인가 사고적인가를 구별해야 한다.

반응시간에 대한 뇌의 과학적 연구가 더 필요하지만 소뇌와 대뇌의 운동조합으로 3초를 기준으로 제시한다. 감각 후 근육운동이 시작되기까지 매번 3초를 초과하면 사고적이라 부르기로 하고, 3초 이하의 시간으로 숙달되면 운동적이라 부르기로 한다. 이 두 가지 기준을 조합하면 학습을 다음과 같이 네 가지로 분류할 수 있다.

학습의 분류

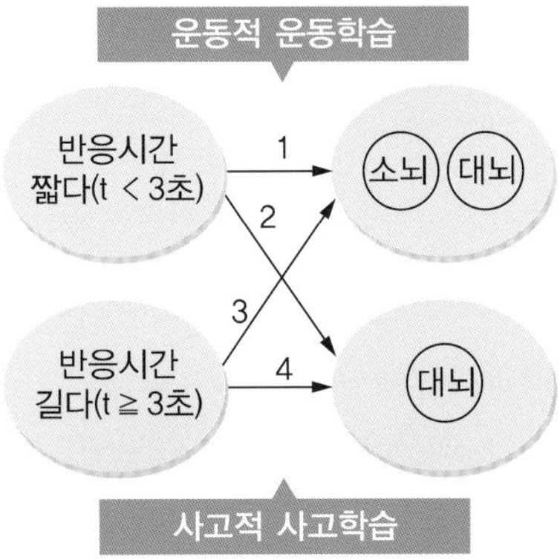

1. 운동적 운동학습 → 운동학습: 축구, 영어
2. 운동적 사고학습: 단기기억, 암산
3. 사고적 운동학습: 골프
4. 사고적 사고학습 → 사고학습: 수학

위의 그림은 새로운 학습 분류 기준을 네 가지 방식으로 보여주고 있다.

첫째, 반응시간이 3초 이하면서 소뇌와 대뇌의 네트워크 작업인 것을 '운동적 운동학습'이라 부르기로 한다. 대표적인 예로 백과사전에도 나왔듯이 컴퓨터 키보드 치기, 피아노 치기가 있고, 야구·축구·배구·농구 등 대부분의 스포츠가 운동적 운동학습이다. 간단히 운동학습이라 부를 수 있다.

둘째, 반응시간이 3초 이하이면서 대뇌만의 작업인 것을 '운동적 사고학습'이라 부르기로 한다. 짧은 기억 학습, 순간 기억 학습, 반복적으로 훈련된 수학 계산 및 수학 문제풀이 등이 여기에 해당된다. 암산 훈련으로 덧셈 뺄셈 계산을 빠르게 해내는 것도 운동적 사고학습이다.

셋째, 반응시간이 3초를 초과하고 소뇌와 대뇌의 네트워크 작업인 것을 '사고적 운동학습'이라 부르기로 한다. 골프를 대표적인 예로 들 수 있다. 골프를 잘 생각해 보라. 축구, 배구와 같은가? 똑같이 소뇌와 대뇌의 종합적 활동으로 일어나는 운동인데 골프는 이들과 무엇이 다른가? 바로 즉각적 반응시간이 다르다.

축구·배구·야구는 반응시간이 짧아야 한다. 느리면 경기에서 지게 된다. 따라서 축구·배구·야구는 짧은 반응시간에 정확한 운동 동작을 요구한다. 하지만 골프는 많은 생각과 판단을 필요로 한다. 먼저 반응의 지연시간을 갖게 되고, 그다음 샷을 한다. 골프는 생각하고 운동하는 사고적 운동학습의 전형적인 스포츠다. 또한 한국어나 영어를 말할 때, 상황에 적합한 말을 생각을 통해 찾아서 말하는 것도 사고적 운동학습에 해당된다.

넷째, 반응시간이 3초를 초과하고 대뇌만의 작업인 것을 '사고적 사고학습'이라 부르기로 한다. 간단히 사고학습이라 부를 수 있다. 여러 개의 개념들을 조합하여 새로운 개념을 도출하고 기억하는 등 대부분의 학교 공부가 여기에 해당된다. 책을 읽고 개념을 파악하고 기억한다. 개념을 파악하고 이해하는 데 지연시간이 많이 필요하다. 전형적으로 수학과 과학 학습이 여기에 해당된다.

근본적으로 수학문제를 푸는 것은 사고학습에 의한 것이다. 그러나 반복된 문제풀이 훈련으로 유사한 유형의 문제를 빠른 시간 내에 풀어내는 수학 문제풀이 훈련은 '사고학습의 운동적 사고학습화' 훈련에 해당된다. 필요한 훈련이지만 본말이 지나치게 바뀌게 되면 사고능력은 떨어지고 운동적 사고학습 능력만 남게 된다. 깊은 사고능력을 필요로 하는 수학에서는 매우 위험한 학습방법이 될 수 있다.

그렇다면 지금까지 아무런 의심 없이 네 번째의 사고적 사고학습이라고 알고 있었던 외국어로서의 영어 학습은 위의 네 가지 중 어디에 해당될까?

그것은 첫 번째와 세 번째의 운동학습에 해당한다. 영어를 말하는 학습은 기억된 소리를 구강과 혀를 운동시켜 숙련되게 말해야 하므로 당연히 소뇌-대뇌가 종합된 운동학습이다. 말은 주고받는 클럭 속도가 있게 마련이다. 따라서 이 클럭 속도에 맞게 운동이 이루어져야 한다. 소뇌와 대뇌는 매순간 함께 작동한다. 바로 운동적 운동학습이다. 여기에 더해서 상황에 맞게 정확히 말하는 법을 익혀야 한다. 이것은 사고적 운동학습이다. 이처럼 영어는 결국 운동학습으로 귀결된다.

한국 학생들은 단어를 기억하고 말하는 것을 사고학습으로 한다. 단어장에 기록된 단어와 발음기호를 보며 생각을 통해 대뇌에 기억시킨다. 소리를 통해 기억시키는 것이 아닌 생각의 사고 행위로 기억시킨다. 이렇게 기억된 것이 짧은 시간의 소리자극에 감응하지 않는 것은 당연하다.

영어를 말하는 학습은 책에 쓰인 문장을 생각으로 이해하고 해석한다. 또 책에 쓰인 문장을 해석하고 기억하려고 한다. 사람들은 기억한 대로 말하면 그것이 말하는 학습이 되는 것으로 착각한다. 이러한 방법으로 대뇌에 기억시켰다 해도 짧은 시간에 대뇌와 소뇌를 모두 작동시켜 말을 하려고 하면 말이 제대로 나오지 않는다.

이렇게 학습한 사람은 입으로 말을 하기 전에 머릿속으로 문장을 먼저 생각한다. 그러다 보면 말할 시간은 한참 지나가 버린다. 또 말을 듣는다는 것이 들은 단어의 스펠을 떠올리고 있다. 들을 말은 이미 한참 지나갔고, 들을 소리도 공중에 흩어져버린 뒤다. 한마디도 못 듣고, 한마디도 못한다. 따라서 머릿속에 생각은 많아도 말은 없다. 생각은 많지만 몸이, 입이, 혀가 말을 안 들어주기 때문이다. 운동학습에서 운동이 제대로 안 되기 때문이다.

모두가 범주착오에서 온 결과다. 운동학습을 사고학습으로 잘못 이해하고 공부했기 때문이다. 수학공부가 사고학습(사고적 사고학습 +

영어와 수학 학습의 균형저울

운동적 사고학습)이라면, 외국어로서의 영어 학습은 운동학습(운동적 운동학습 + 사고적 운동학습)이다. 여기에 맞게 교육 프로그램이 만들어져야 한다. 영어 학습이 사고학습이라는 잘못된 견해를 버리고 운동학습이라는 바른 견해를 가지면 모든 것이 달라진다.

소리와 영상을 모두 기록해서 사용할 수 있는 요즘, IT 기술과의 접목으로 운동적 학습에 맞는 영어 학습 프로그램을 만드는 것이 가능하게 되었다. 새로운 시대의 새로운 이론으로 새로운 학습 프로그램을 만들어내야 한다.

외국어로서의 영어 학습은 2~3년이면 배울 수 있고, 그 정도의 기간이면 누구나 일상적으로 말할 수 있다. 원어민 교사 없이도 이 모든 것이 가능하다. 만약 그런 날을 희망한다면, 최우선적으로 영어 학습에 대한 범주착오에서 벗어나야 한다.

마치 이솝우화 속의 당까마귀가 2,500년의 세월을 날아와서 픽션(fiction)을 팩트(fact)로 보여주었듯이. 오랜 시간 동안 인간들의 잘못된 생각 즉, '인간만이 학습한다', '인간만이 생각한다'를 바꿔주었듯이 말이다.

02
영어에서 단어는 왜 중요할까?

인간에게 물과 공기는 왜 중요할까? 이 질문의 대답은 누구나 안다. 생명을 유지하기 위해서 물과 공기는 필요불가결의 요소이기 때문이다.

그러나 이 당연한 것들에 대해서 사람들은 별로 신경을 쓰지 않는다. 눈에 보이지 않지만 절대적으로 필요한 것은 잊어버리고, 멋진 옷과 자동차 같은 눈에 보이는 것만을 중요하게 느끼기 때문이다.

지금 나는 우리가 이미 알고 있는 물과 공기의 소중함에 대해서 다시금 설명해야 하는 상황과 같은 입장에 놓여 있다. 더구나 사람들이 범주착오로 사실을 잊고 많은 오류를 범하고 있을 때는 더욱 명확하게 짚어줘야 한다.

인간의 감정들, 아름답고 추하고 기쁘고 슬프고 사랑하고 미워하고…….

한편의 아름다운 시를 읽고 온 가슴을 떨고, 감동적인 소설 한 편에 온밤을 잠 못 이루는 그 모든 감정은 어디에 있을까? 인간의 이성, 지구에서 수억 킬로미터 떨어진 화성에 탐사선 피닉스호를 8개월 동안 6억 7천5백만 킬로미터를 날아가게 만들고, 무사히 착륙시킨 후 화성 표면을 개미처럼 돌아다니며 탐색한 자료를 지구로 보내게 하는 그 놀라운 이성은 어디에 있을까? 화성 표면에 피닉스호가 역추진 로켓으로 무사히 착륙하는 순간, "완벽하게 아름답다"고 탄성을 지르는 나사 제트추진연구소(JPL) 연구진의 그 아름다운 한마디는 어디에 있을까?

언어가 있어서 표현이 가능하다면 그것들은 모두 언어 속 어디에 존재할까? 아름다운 문장에 있을까, 아니면 치밀한 문법 속에 있을까? 소리에 있을까, 글자에 있을까?

감정과 이성은 단어에 들어 있다. 인간의 모든 감정과 이성은 단어에 묻어 있고, 단어에 배어 있고, 단어에 담겨 있다. 문장에 있는 것도 아니고, 문법에 있는 것도 아니다. 의미 없는 소리에 있는 것도 아니고 뜻 없는 글자에 있는 것도 아니다. 인간의 언어는 단어에서 시작되고 단어에서 종결된다고 해도 과언이 아닐 만큼 단어는 모든 것을 담고 있다. 단어는 '소리-이미지-개념-글자가 모두 네트워크된 것'이기 때문이다. 이들 네 가지 중에서 하나라도 빠지면 단어라고 부르지 않는다. 하나의 단어가 소리로 만들어져 나올 때, 감정은 마치 물감처럼 번지고, 이성의 개념은 마치 파도처럼 전달된다.

왜 감정과 이성은 문장이 아닌 단어에 속할까? 문장은 단어 없이 만들어지지 않지만 단어는 문장을 대체할 수 있기 때문이다. 범주화될 수 있는 문장은 대부분 단어로 대체되었다.

이러한 대체 현상은 영어뿐만 아니라 모든 언어에 공통적으로 존재한다. 중국과 한국의 고사성어를 그 대표적인 예라 할 수 있다. 혁명, 야합, 유세, 완벽, 경제, 상인, 골동품, 배수진, 효시, 파죽지세, 미봉

책, 대책, 낭패, 교활, 유예, 갈등, 백안시, 귀감, 좌우명, 회자, 새옹지마, 토사구팽…… 이러한 단어들은 문장과 이야기에서 모두 범주화된 것들이다.

가령, '교활한 토끼가 죽으니 사냥개를 삶아 먹는다'는 '토사구팽'은 '사냥이 끝났으니 사냥개를 잡아먹는다'는 의미로 쓰인다. 이 문장은 토사구팽이라는 네 글자의 단어로 함축되고 범주화된 것이다. '새옹지마'는 이야기에서 범주화된 단어다. 새옹지마에 관한 이야기를 한 문장으로 요약하면 '인생에 있어서 길흉화복은 항상 바뀌어 미리 헤아릴 수가 없다'는 뜻이다. 그러나 그 한 문장만으로는 새옹지마가 가진 함축적인 내용을 제대로 음미하기 어렵다. 여러 문장으로 된 본래 이야기는 다음과 같다.

새옹지마는 『회남자(淮南子)』의 「인간훈(人間訓)」에 나오는 이야기로, '인간만사새옹지마(人間萬事塞翁之馬)' 또는 '새옹마'라고 말하기도 한다. 여기에서 새옹(塞翁)이란 옛날 중국의 북쪽 국경 근방에 사는 늙은이를 말한다. 노인은 말을 한 마리 기르고 있었는데, 어느 날 말이 국경너머 오랑캐 땅으로 달아나 버렸다. 마을 사람들은 노인을 찾아와 말을 잃어버린 것을 위로 하였는데, 노인은 "지금의 화가 나중에 복이 될지 누가 알겠느냐"며 조금도 낙담하지 않은 채 태연히 말했다. 그런데 몇 달 후 잃어버린 노인의 말이 오랑캐의 좋은 말 한 마리를 데리고 돌아왔다. 마을 사람들은 기뻐하며 노인을 찾아와 축하해주었는데, 이번에도 노인은 "이것이 또 화가 될지 누가 알겠느냐"며 조금도 기뻐하지 않았다.

노인에게는 아들이 한 명 있었다. 평소 말을 좋아하던 아들은 새로 생긴 좋은 말을 타다가 그만 말에서 떨어져 다리가 부러져버렸다. 마을 사람들은 불구가 된 아들 때문에 슬퍼하고 있을 노인을 찾아와 위로의 말을 건넸다. 그러나 노인은 "이것이 혹 복이 될지 누가 알겠느냐"며 아무런 슬픔도 보이지 않았다. 일 년 뒤, 변경의 오랑캐들이 쳐들어와 장정들이 모두 징집되어 전쟁터에 나가 모두 전사하였다. 다리를 다쳐 불구가 된 노인의 아들은 전장에 나가지 않고 결국 무사하였다.

'인간만사는 새옹지마'처럼 범주화된 의미로 짧게 함축된 단어가 긴 문장보다 훨씬 매력적이다. 뇌의 반응시간에 쉽게 동기화되므로 감응도 긴 문장보다 낫다. 중국사람들이 사자성어를 즐겨쓰는 이유도 여기에 있다.

앞쪽에서 나열한 단어들은 모두 이야기 같은 어원들이 있는데, 그 이야기의 문장들이 범주화되어 단어가 만들어지는 것이다.

단어가 모여 문장이 되고, 문장은 다시 새로운 단어를 만들어낸다. 단어화될 수 없는 문장은 그대로 문장으로 표현된다. 단어는 미국인, 중국인, 한국인, 일본인, 프랑스인, 독일인 등 지구상의 인종과 언어를 넘어서 인간의 의식 깊숙이 내면화되고 범주화된 인류 공통의 이미지이자 개념이다. 바깥으로 드러나는 소리와 글자만 다를 뿐, 인간의 내면에 범주화된 이미지와 개념은 동일한 것이다.

화성탐사선 피닉스호가 8개월 동안 6억 7천5백만 킬로미터를 비행해 화성에 내려앉는 순간, 그 장면을 지켜보던 사람들의 입에서 흘러나온 두 마디의 단어 "Absolutely beautiful!"은 감격의 순간을 완벽하게 표현했다.

이처럼 소리와 글자가 달라도 세계인의 마음속에 전해지는 감동의 물결은 하나인 이유가 바로 단어에 있는 것이다.

03

왜 지금까지의 단어학습방법으로는 안 될까?

단어학습방법의 실태

A : 영한사전

ab·so·lute·ly [æ̀bsəlúːtli] 부 사 1. 절대적으로, 완전히, 무조건적으로

beau·ti·ful [bjúːtəfəl] 형용사 1. 아름다운, 예쁜, 고운

감탄사 1. 굉장하다, 대단하다

B: 영영사전

ab·so·lute·ly AME [æ̀bsəlu:tli] ADVERB

1. used to emphasize that sth is completely true

beau·ti·ful AME [bjú:tɪfl] ADJECTIVE

1. having beauty; pleasing to the senses or to the mind

2. very good or skilful

미국과 영국 같은 영어권 나라에서 학교를 다니다 돌아온 학생들을 제외하면, 우리나라 중· 고등학생과 대학생의 단어를 외우는 방법은 거의 비슷하다. 먼저 스펠링을 외우고, 발음해 보고, 우리말 뜻을 또박또박 외운다.

위의 두 단어를 그대로 따라 해보면 대개 이렇게 된다. '에이비에스오엘유티이엘와이(absolutely)/앱설루틀리/절대적으로, 완전히, 무조건적으로', '비이에이유티아이에프유엘(beautiful)/뷰티플/아름다운, 예쁜, 고운' 학생들은 단어가 외워질 때까지 이를 반복한다.

그러다가 'beau·ti·ful [bjúːtəfəl] 뷰터펄, beau·ti·ful [bjúːtɪfl] 뷰티플'과 같이 발음기호가 서로 다른 경우를 접하면 당황하게 된다. 이게 맞네, 저게 맞네. 혹은 이건 미국식 발음, 저건 영국식 발음 하면서 따지고 들기도 한다.

이것이 지금 학생들만의 모습일까? 아니다. 윗세대인 우리의 모습이고, 또 우리보다 더 윗세대인 선배들의 모습이다. 영어 학습방식의 대물림이다. 1950년대 영어가 학교교육으로 처음 도입된 이후 60년이라는 시간이, 30년의 두 배가 지났는데도 대물림은 변함없이 계속되고 있다.

영어를 공부하는 요즘 학생들을 보면 참으로 안타깝다. '저렇게 십 년을 죽어라 공부해도 영어에 있어서 귀머거리에 벙어리일 텐데' '대학에서 영어로 된 전공서나 겨우 보면서 중·고등학교 때 영어공부 열심히 한 걸 다행이라고 여기고 있을 텐데' 하는 생각이 든다. 너무 부정적인가. 하지만 이것이 영어에 대한 우리의 현주소다.

대물림된 방식으로 단어공부를 하면 사전을 통째로 외운다고 해도 소리로 발화되지 않는다. 소리로 발화시키기 위한 별도의 시간과 노력, 방법이 적용되어야 한다. 대학 졸업 후, 미국으로 가는 한국 유학생들은 대체로 많은 단어를 알고 간다. 적게는 만 단어정도, 많게는 2만 단어까지 미리 공부하고 간다. 그럼에도 불구하고 막상 미국에 가면 커뮤니케이션을 원활하게 하지 못해서 1~2년가량은 학생들을 상대하는 조교생활을 못하는 학생이 대부분이다.

그러다 2년쯤 지나면 한국에서 공부했던 단어들이 소리로 발화되면서 전공분야 또는 다른 분야에서 능력을 인정받는 경우가 많다.

결국 중·고등학교 6년, 대학교 4년, 유학준비 1~2년으로 총 12년 동안 영어공부를 했는데, 미국에 가서도 2년 정도를 더 보내야 영어가 된다면, 거의 15년이라는 시간을 영어에 매달리는 꼴이다. 그나마 이것은 미국유학을 간 학생만 해당되는 경우다.

같은 수준에서 유학을 가지 않고 국내에 남은 학생들은 그보다 더 어렵다. 영어를 위해 별도의 피나는 투자를 해야 유학파들에게 무시당하지 않을 정도의 실력을 쌓을 수 있다. 안타깝게도 이것이 단어학습에 관한 우리나라의 과거와 현재의 실태다.

단순암기 단어학습의 문제점 – 네트워크의 허브는 소리

예전처럼 단어를 외우면 왜 안 될까? 이 책에서 단어의 중요성을 강조하면서도 왜 그냥 열심히 외우면 안 된다는 것일까? 이 질문에 대한 답이 다음의 그림에 모두 들어 있다.

한국어를 모국어로 하는 우리에게는 '아름다운, 예쁜, 고운'이라는 소리에 연결된 이미지와 개념이 있다. 또 '아름다운, 예쁜, 고운'이라는 글자, 세종대왕이 만든 아름다운 한글을 연결해놓은 네트워크를 갖고 있다. 한국어에 대한 소리-이미지-개념-글자의 네트워크를 단어마다 갖고 있다는 것이다.

영어 학습 네트워크 동체 모델

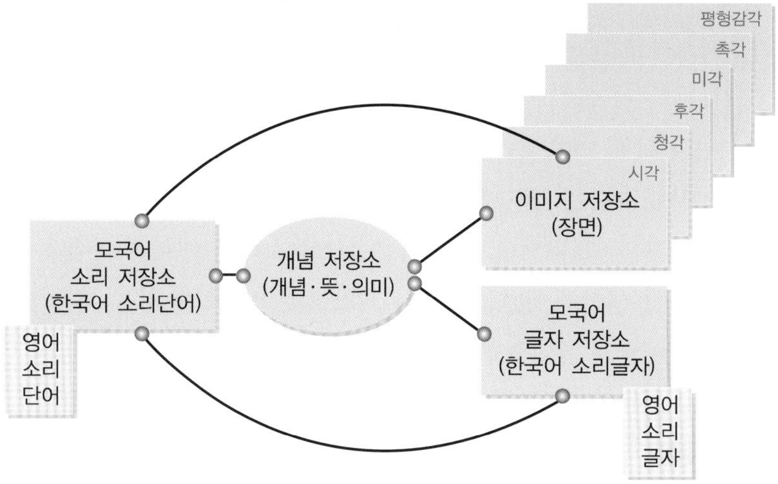

한국어 단어 네트워크 동체 + 영어 소리, 글자 추가

모든 단어는 감각기관을 통해 들어와서 이미지와 개념으로 내면화되기 때문에 '느낌'을 갖는다. 이 세상에 느낌이 없는 단어는 존재하지 않는다. 그래서 '인간의 모든 감정과 이성은 단어에 묻어 있고, 단어에 배어 있고, 단어에 담겨 있다'고 강조한 것이다.

느낌은 단어의 소리-이미지-개념-글자 중 어느 부분에 있을까? 모든 감정과 느낌은 소리와 이미지와 개념 세 부분에 스며들어 있다.

그렇다면 느낌은 세 군데 중 어느 부분을 통해서 나가고 들어올까? 바로 소리를 통해서다. 단어의 소리를 통하여 이미지와 개념에 담긴 느낌이 나오고 들어가는 것이다. 그러므로 글자 혼자서는 느낌을 드러내지 못한다는 사실을 이해해야 한다. 글자는 오직 소리가 지나갈 때 울림으로 다가올 뿐이다.

피닉스 탐사선이 화성에 착륙하는 순간,

"absolutely beautiful!"

"완벽하게 아름답다!"

이 두 마디의 단어가 소리가 아닌 글자로만 존재한다면, 그래서 눈으로 글자를 보기만 한다면 우리의 가슴을 울리지는 못한다.

어떤 글자든 입 밖으로 또는 마음속으로 소리를 내야만 마음을 울리는 느낌이 생긴다. **소리가 네트워크의 허브이기 때문이다.** 지금까지 소리의 중요성을 강조하고 또 강조했던 이유가 여기에 있다.

그러면 영어단어를 학습한다는 것은 무엇인가?

간단하다. 그것은 모국어의 단어 네트워크에 〈영어 학습 네트워크 동체 모델〉과 같이 영어의 소리단어와 글자단어를 추가하는 것이다. 이미 잘 갖추어진 이미지와 개념에 영어 소리단어와 영어 글자단어만 추가해 새로운 네트워크가 제대로 작동하도록 하면 된다.

예를 들면, '아름다운'이라는 한국어 단어 네트워크에 영어단어 소리인 '뷰티플'과 글자인 'beautiful'만 추가하면 되는 식이다. 이 과정에서 새롭게 추가되는 영어의 소리와 글자가 있을 경우 둘 중 소리를 우선적으로 추가해야 한다. 왜냐하면 소리가 네트워크의 허브이기 때문이다.

한국 학생들의 영어단어 네트워크 연결방식의 문제점

앞에서 이미 언급했듯이 우리나라 학생들은 다음의 세 단계에 걸쳐서 영어단어를 외운다. 먼저 단어의 스펠링 하나하나를 소리 내어 읽는다. 다음은 발음기호대로 소리 내어 읽고 그것을 기억한다. 마지막은 한국어로 풀이된 의미를 소리 내어 말하고, 이미지와 개념에 연결한다. 다음의 그림을 보면 세 단계가 순차적으로 연결되어 있다는 것을 알 수 있다. 영어를 외운다는 것은 영어 글자단어-영어 소리단어-한국어 소리를 네트워크하는 작업이다. 그런데 학생들의 이러한 학습 방법에서는 두 가지의 문제점이 발생한다.

첫째, 자기 자신의 소리라도 열심히 내면서 학습하는 경우

발음이 맞고 틀리고 상관없이 오직 자기 자신이 소리를 내고 들으면서 학습하는 경우다. 어떤 점에서는 그것이 최선일수도 있겠으나 이는 그림과 같은 문제를 안고 있다.

영어 글자단어 — 영어 소리단어 — 한국어 소리단어

그림의 가운데 '영어 소리단어'는 단어에서 느낌과 감정이 묻은 네트워크의 허브다. 영어단어를 외울 때 이 허브는 자신의 발음을 기억해야 하는 것이다. 즉 발음기호에만 의존한 자신의 소리를 기억시킨다.

구강과 혀를 끊임없이 운동하며 소리를 내는 것은 운동학습에 해당한다. 단어의 발음을 소리 내면서 공부하는 학생은 부지런히 운동학습을 하고 있는 상태이므로 그나마 괜찮은 편이다. 노력의 결과를 기대할 수 있다.

하지만 불완전한 자신의 영어단어 발음을 듣고 기억시키는 방법은 도움이 안 된다. 발음소리는 곧 영어의 허브인데, 발음이 불완전하면 허브가 제 역할을 못하게 되는 것이다. 따라서 이런 경우에는 아래와 같이 영어 소리단어가 막혀서 제대로 작동하지 않는다. 단어의 제대로 된 소리가 기억되어 있지 않기 때문에 원어민의 발음인 영어 소리단어를 들어도 네트워크가 작동하지 않는다.

영어 글자단어 — 영어 소리단어 — 한국어 소리단어

다만, 이 경우에는 영어 글자단어와 한국어 소리와 곧바로 연결되고, 한국어 소리단어는 이미지와 개념으로 연결된다. 다행스러운 것은 한국어 소리를 암기했기 때문에 한국어 소리가 허브역할을 하는 것이 가능하다. 그래서 영어단어의 글자가 이미지와 개념으로 연결되는 것이 그나마 원활하게 이루어질 수 있다.

이처럼 단어의 소리를 열심히 내면서 운동학습만이라도 부지런히 한 학생들은 훗날 대체로 영어를 잘하게 된다. 비록 자기 자신의 소리라도 영어의 소리단어가 기억되는 효과 때문이다. 소리가 발화되기 쉬운 상태까지 도달해 있기 때문이다. 이 경우 시간이 조금 걸리겠지만 원어민들과 접하게 되면 자신의 소리가 쉽게 전이되어 발화된다.

둘째, 자기 자신의 소리조차 내지 않으면서 학습하는 경우

두 번째 경우의 문제점은 대부분의 학생들이 영어단어를 외울 때 성실하게 소리 내는 학습을 하지 않는다는 것이다. 시험자체가 사고학습으로 공부하게끔 틀이 잡혀있어서 굳이 소리를 내면서 단어를 외울 필요가 없기 때문이다. 사고학습 결과를 위한 시험이 그렇게 만들고 있다. 소리를 내면서 공부하는 것보다 눈으로 더 빨리 더 많이 보고 기억하는 것이 오히려 높은 점수를 받을 수 있기 때문이다. 그래서 학생들은 단어를 눈으로만 외운다. 그림처럼 영어 소리단어가 네트워크에서 텅 비게 된다.

영어 글자단어 — [ ] — 한국어 소리단어

사실 모든 문제는 두 번째에서 발생한다. 글자단어는 소리를 통해

야 이미지와 개념으로 원활하게 네트워크되는데, 영어와 한국어가 모두 글자로만 기억되므로 네트워크에 큰 장애가 생긴다.

'아름다운, 예쁜, 고운'이라는 단어들이 어떤 하나의 이미지와 개념으로 연결되어야 하는데, '아름다운, 예쁜, 고운' 세 단어 모두 서로 다른 글자코드처럼 기억되는 문제가 발생한다. 소리가 허브역할을 하여 느낌과 감정이 있을 경우 아래의 그림처럼 '아름다운, 고운, 예쁜'은 하나의 느낌이고, 하나의 이미지로 기억된다. 그러나 느낌이나 감정이 묻어 있지 않은 글자라면 각각의 글자코드처럼 기억될 뿐이다.

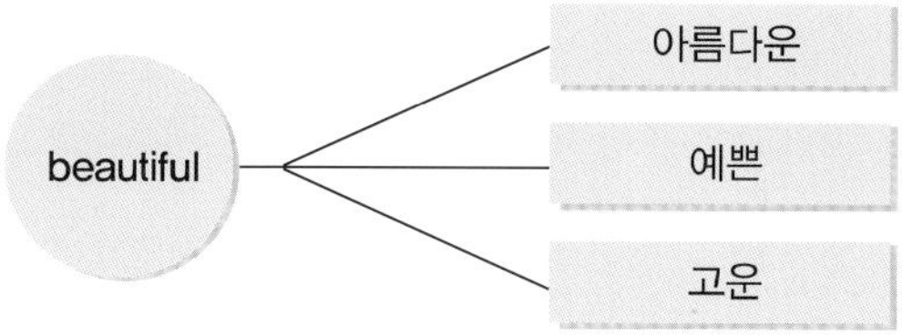

왜 지금까지의 단어학습방법은 안 되는가에 대해서 결론을 내려보자.

한국어의 단어 네트워크 동체에 영어의 소리단어와 글자단어를 추가하는 것이 단어학습이다. 이때 영어의 소리단어가 네트워크의 허브다. 영어 소리단어를 통해 느낌과 감정이 들어오고 나간다. 소리가 이미지와 개념으로 연결되기 때문이다.

그러므로 영어단어의 제대로 된 소리가 한국어의 소리와 연결되어서 기억되어야 '단어 네트워크 동체효과'가 완벽하게 살아나게 된다.

그런데, 한국 학생들의 단어학습은 영어의 소리단어가 빠져 있다. 허브를 빼놓은 상태로 네트워크를 가동시키려면 원활한 작동은 기대하기 어렵다. 그처럼 허브인 영어의 소리단어가 빠진 채 영어 글자단어와 한국어가 연결되는 네트워크에서는 당연히 영어가 제대로 학습

되지 않는다. 이는 영어교육의 근원적인 문제점이라 할 수 있다.

이와 같은 문제점을 해결한다면 우리나라 영어교육의 해답을 찾을 수 있을 것이다. 원어민 교사 없이 한국인 영어 교사만으로도 원하는 만큼의 성과를 낼 수 있는 해답이 여기에 있다. 가르치는 쪽이나 배우는 쪽에서나 똑같이, 비용과 시간과 노력을 모두 줄이는 해답이 바로 여기에 있다.

04

영어의 빠르기 – 말에는 왜 속도가 있을까?

CNN이나 BBC 방송의 뉴스를 진행하는 아나운서는 말을 얼마나 빨리 할까? 뉴스는 짧은 시간에 많은 정보를 신속하고 정확하게 전달해야 한다. 따라서 뉴스를 진행하는 아나운서에게는 빠르고 정확한 발음이 필수다.

아나운서들은 뉴스를 보도할 때 대략 1분에 200개의 단어를 사용한다. 초단위로 계산하면 1초에 3~4개 정도의 단어를 말한다.

영어는 음절수를 세는 것보다 단어 수를 세는 것이 쉽다. 띄어쓰기 된 것을 하나로 생각하면 된다. 예를 들어 'I am going to take a trip'은 7개의 단어로 되어 있다. 이 문장을 말하는 데는 2초가 채 안 걸린다. 만약 1음절에서 5음절 이상 되는 영어단어가 포함되더라도 1초에 평균 3~4단어를 말해야 뉴스를 보도하기에 알맞은 속도라 할 수 있다.

한국어의 단어 수는 단어에 대한 여러 학자들의 의견이 엇갈린다. 하지만 한글은 음절수를 세기 쉽게 음절표기로 되어있다. 그러므로 글자의 수가 곧 발음하는 음절의 수다. 사람이 가장 빠른 속도로 말을 하면 1초에 10음절을 말한다. 따라서 1분에 600글자로 된 뉴스를 보도할 수 있다면, 한국 아나운서 가운데 그가 가장 빠르게 말할 수 있다고 할 수 있다.

세종대왕이 글자를 매우 과학적으로 만들었기 때문에 한글은 음절표기로 되어있지만 다른 나라의 글자들은 음절표기로 된 것이 드물다. 단어 위주의 다른 나라의 말은 영어처럼 단어의 음절수로 평균속도를 산출하는 것이 좋다. 중국어, 일본어, 프랑스어 등도 말하기의 최대속도를 음절수를 기준으로 해서 계산하면 과학적인 측정이 가능하다.

외국어로서 영어를 배우는데 단어와 말의 빠르기가 왜 중요할까? 왜 영어단어 하나에 0.3초, 1초에 3~4개 단어, 1분에 200단어를 말하는 것이 정확하고 빠르게 말하는 최대속도라고 강조할까? 그것에는 도대체 무슨 의미가 있을까?

언어는 운동이기 때문이다. 그것도 누군가와 함께 하는 운동이다. 다른 사람과 함께 하는 모든 운동에는 운동속도와 싱크로(synchronization)가

▲ 싱크로가 잘되고 있는 장면들

있다. 운동연습을 할 때는 싱크로 연습이 많은 부분을 차지한다.

모든 운동은 타이밍이다. 타이밍이라는 일반적인 표현을 과학적 용어로는 동기화(싱크로)라고 한다. 앞의 사진에서 싱크로는 얼마나 중요할까? 또 강한 스파이크를 날릴 때, 팀원이 토스해주는 시간에 맞춰 점프를 하고 공을 때리는 타이밍은 또 얼마나 중요한가?

아나운서의 뉴스보도 속도를 기준으로 말하는 빠르기를 조사해보면, 아나운서보다 최대 다섯 배까지(1초에 1~2음절, 3초에 영어단어 1개) 느리게 말하는 사람도 있다. 그런 사람보다 더 느리게 말하면 그것은 '보통'에서 벗어난다. 만약 그런 사람이 있다면 그의 말을 듣는 주변사람은 무척 피곤할 것이다.

그렇다고 일상생활에서 굳이 아나운서들처럼 빠르게 말할 필요는 없다. 심각한 수위를 벗어나지 않는다면 조금 느리게, 조금 천천히 말해도 괜찮다. 이와 같이 영어도 모국어를 말하는 속도처럼 하면 된다.

그러나 듣는 것은 그렇게 할 수 없다. 남이 말하는 속도를 내 생각대로 조정할 수 없기 때문이다. 말이 빠른 사람을 만날 때마다 '아주 천천히 말해 주세요. 저는 남이 빨리 말하면 알아듣지 못해요.'라고 부탁할 수도 없는 노릇이다.

들을 때는 아나운서가 말하는 속도로 들을 수 있어야 한다. 아나운서가 말하는 속도로 말을 들으려면 그 속도에 싱크로되어야 한다. 그렇게 되도록 훈련해야 한다.

다시 말하면, 같은 속도로 말을 알아듣기 위해서는 단어의 소리가 저장될 때 0.3초에 한 단어가 발성되는 최대속도에 싱크로시켜서 기억해야 한다. 1초에 3~4단어를 들을 수 있도록 훈련해야 한다는 말이다. 이러한 훈련은 사고학습으로는 어렵고, 운동학습으로만 가능하다.

모든 영어교육은 시간에 싱크로(동기화)되도록 훈련하고 연습해야 한다. 그렇지 않으면 영어교육은 단순한 사고학습이 된다. 단어와 구(phrase)를 기억하는 것과 문장을 기억하는 것은 중요하다. 하지만 시간을 고려하지 않고 듣기와 말하는 학습을 하면 사고학습화가 될 가능성이 매우 크다.

배구 연습은 혼자보다 다른 사람과 함께 할 때가 많다. 그때 배구를 연습하는 사람은 상대가 있기 때문에 당연히 시간에 싱크로시키려고 훈련한다. 훈련 자체가 싱크로다.

그런데 현재 우리나라의 영어 학습의 경우는 다르다. 학생들은 영어공부를 할 때 누군가와 함께 하기보다는 책상에 앉아서 혼자 공부하는 경우가 많다. 때문에 싱크로라는 개념이 없이 무조건 이해하기 위해서 공부한다. 이것은 사고학습이다. 모든 영어교육 프로그램이 사고학습 위주로 만들어져 있다.

교육 프로그램은 다른 말로 하면 훈련 프로그램이다. 그럼에도 운동 훈련에 가장 기본인 싱크로 개념을 생각하지 않고 만들어진 프로그램이 대부분이다.

시간에 싱크로되어 있지 않으면 "어~!" 하는 사이에 말은 휙 지나가버리고 "뭔 말하는지 하나도 못 알아듣겠네!"라는 투덜거림만 남게 된다. 이것이 바로 현재 우리나라 영어교육 프로그램의 실태다. 아니 한국만의 문제가 아니라 세계의 응용언어학자들이 지금까지 만들어 낸 영어교육 프로그램의 문제다.

20세기의 언어학은 과학의 영역과 확연히 구분되었다. 비록 파블로프와 스키너의 과학적 실험을 언어학습의 원칙으로 삼고 학문의 영역을 넓히려고 했지만 인문학을 뛰어넘지 못하였다.

20세기 후반, 노암 촘스키로 대표되는 인지주의 언어학조차 인문학에 남을 수밖에 없었다. 당시 그들이 만든 교육 프로그램이 지금의 모든 것이라 할 수 있다. 하지만 그들이 프로그램을 만들 때 범한 두 가지의 오류가 있었다. 하나는 운동학습인 영어 학습을 사고학습으로 생각한 인지착오의 오류이고, 다른 하나는 원어민 영어 교사와 함께 공부한다는 환경착오의 오류였다.

모든 과학이론은 만들어질 때 '이렇고 이렇다면, 저렇고 저렇다면' 하는 몇 가지의 가정을 세운다. 아인슈타인의 상대성이론도 '빛의 속도가 불변한다고 하면' 하는 가정을 통해 탄생했다. 가정 없는 과학이론은 없다.

마찬가지로 교육 프로그램이 처음 만들어질 때는 사용환경을 고려하게 된다. 20세기 응용언어학자들은 영어교육 프로그램을 만들 때 프로그램의 사용환경을 어떻게 가정했을까? 이 프로그램은 교육할 때 언제나 원어민 교사와 함께 한다는 가정 하에 만들어진 것이다. 어쩌면 언어학자들은 그런 가정조차 하지 않았을지도 모른다. 당연히 그래야 한다고 생각했을 테니까 말이다. 상황이 어찌되었든 그러한 교육 프로그램을 이용해서 원어민 교사와 함께 공부하면 효과가 나타난다.

한국의 초등학생을 미국에 있는 학교에 입학시키면 교사는 처음에 그 학생에게 ESL교육을 따로 시킨다. ESL교육은 비영어권 나라에서 온 학생들을 대상으로 하는 별도의 영어교육으로, 몇 달 후부터 그 효과가 나타난다.

교사는 자기 나라의 교육 프로그램에 대해 자부심을 느낀다. ESL교육을 받는 학생의 모국어가 인도어인지, 중국어인지, 일본어인지, 한국어인지 관계없이 원어민 교사가 직접 데리고 가르치는 프로그램으로는 흠잡을 데가 없다. 하지만 원어민 교사가 직접 소수의 학생을 가르칠 경우 교재의 영향은 사실 아주 낮다.

영어를 사용하는 환경이 달라지면 어떻게 될까? 예를 들어 컴퓨터 윈도우 환경에서 사용되도록 만들어진 프로그램은 윈도우에서 당연히 잘 돌아간다. 그런데 환경을 리눅스로 바꾸면 어떻게 될까? 그렇다. 잘 안 돌아간다.

영어교육도 바로 이런 점이 문제다. 21세기가 도래하면서 영어가 모든 나라의 국가경쟁력으로 부상하였다. 한국도 영어교육이 국가의 중요한 과제가 되었다. 너도나도 미국의 ESL 교육프로그램을 가져다 사용하려고 한다. 원어민 교사가 턱없이 부족하다, 원어민 교사를 늘려야 한다며 학교나 학원마다 아우성이다. 모두들 원어민 교사가 해답이라고만 생각하는 것이다. 그러나 그런 생각은 착각에 불과하다.

사용환경이 달라지면 영어교육 프로그램도 새롭게 만들어져야 한다. 원어민 교사 없이도 한국인 교사와 함께 다수의 학생들이 훈련할 수 있고, 3년 이내의 짧은 기간에 성과가 분명히 나타나는 새로운 프로그램을 만들어야 한다. 그래서 이 책에서 설명하고 있는 언어의 과학적 분석과 이해가 필요하다.

훈련 프로그램을 과학적으로 만들기 위해서는 과학적 분석이 먼저 선행되어야 한다. 그 가운데 우리가 기억해야 할 가장 중요한 사실은 **'말에는 속도가 있다'**는 것이다. 이 명제는 겉으로는 매우 단순한 것 같지만 영어공부가 사고학습이 아닌 운동학습임을 일깨워준다. 또 영어공부와 관련한 다양한 운동 훈련의 조건과 방법을 알려주는 말이다. 그만큼 중요할 수밖에 없다.

05
왜 영어의 발음기호에서 벗어나야 할까?

또 하나의 역(逆)범주착오 – 파닉스

세종대왕이 창제한 한글은 세계에서 가장 완벽한 표음문자다. 소리를 기호로 표기하는 데 이만큼 완벽한 글자는 없다. 한글은 하나의 기호에 하나의 음가를 일대일대응으로 가지고 있어 하나의 글자에 분명하게 하나의 소리로만 대응된다.

영어도 소리를 글자로 표기한 표음문자다. 그럼에도 불구하고 영어가 한글과 다른 점은 하나의 알파벳 기호에 여러 개의 음가가 있을 수 있다는 것이다. 대표 음가를 알파벳의 이름으로 부르고 있지만, A를 '에이' 또는 '아'로 발음한다.

예를 들어 Ace를 '에이스'라고 소리 내고, Art를 '아트'라고 소리 낸다. A라는 하나의 기호가 '에이'와 '아' 두 개의 음가를 가지고 있기 때문이다. 그래서 영어사전을 보면 영어단어에 발음기호가 꼭 함께 따라온다. 알파벳의 이런 복수 발음은 미국인과 영국인에게도 매우 골치 아픈 문제에 해당된다.

영어단어에 있어 발음기호는 베다성전의 산스크리트 문법과도 같다. 2,500년 전 베다성전을 온전히 그대로 보전하기 위하여 당시 쓰이고 있던 문법을 연구한 인도의 산스크리트 문법은 인류 최초의 문법으로 알려져 있다.

영어단어의 발음기호는 현재의 소리를 그대로 보전하기 위해 현재 사용되고 있는 단어의 소리를 표기해 놓은 것이다. 그 옛날 베다성전이 인도인들에게 그야말로 성전이었듯, 오늘날 영어사전의 발음기호는 영어의 성전이나 다름없다. 그것이 없으면 영어단어의 소리의 근거가 없어지기 때문이다. 그러므로 발음기호의 중요성도 귀하게 여겨져야 마땅하다.

그러나 보석을 담고 있는 보석함이 보석 자체는 아니듯이 발음기호는 곧 소리가 아니다. 모든 단어는 소리로 전해지고 소리로 받아들여지지, 발음기호로 전해지고 발음기호로 받아들여지는 것이 아니다.

사람은 태어나서 말을 배울 때 소리를 듣고 배운다. 미국인이나 영국인도 말을 소리로 가르치고 소리로 배운다. 발음기호로 가르치고 발음기호로 배우지 않는다는 것이다. 그들에게 발음기호는 베다성전처럼 '이렇게 쓰이고 있다'를 나타낼 뿐이다.

우리가 국어사전으로 단어의 뜻을 공부하는가? 단어의 의미를 알기 위해 일 년에 국어사전을 몇 번이나 찾아 보는지 생각해 보라. 우리가 국어사전에 나온 단어의 뜻이 아닌 소리로 말을 익히듯이 미국인도 발음기호로 단어의 소리를 공부하지 않는다. 사전은 꼭 필요할 때 찾아보는 성전인 것이다.

왜 우리나라는 영어를 가르칠 때 글자와 발음기호부터 가르칠까?

과거에는 그것이 최선의 방법이었던 때가 있었다. 영어를 배울 수 있는 다른 방법은 찾기 어려웠다. 소리를 구할 수도 없고, 소리를 담을 녹음기도 없고, 주변에 소리를 들려줄 원어민 교사도 없고, 오직 학교 선생님과 자기 자신, 사전과 책으로만 공부해야 했던 시절이 있었다. 그런 경우에는 글자와 발음기호부터 가르치는 것이 틀림없이 맞다. 그런데 모든 것이 가능한 지금, 왜 아직도 그렇게 가르치고 배워야 할까?

학교나 학원에서 아이들에게 영어를 가르칠 때 가장 먼저 글자와 발음기호, 즉 알파벳과 파닉스를 가르친다. 왜 영어의 파닉스부터 시작할까?

'파닉스'는 영미 언어학자들이 영어를 모국어로 쓰고 있는 본국의 어린이들을 가르치기 위해 만든 프로그램이다. 우리나라의 한글처럼 글자와 소리가 일대일로 완전히 일치하면 복잡한 파닉스를 만들 이유가 없었을 것이다. 그래서 영미 언어학자들은 영어단어의 소리와 글자의 관계를 체계적으로 연구하여 교육 프로그램을 만든 것이다.

어린이에게 파닉스는 매우 중요한 교육과정이다. 또한 영어를 배우는 세계의 모든 사람들에게 필요한 교육과정이기도 하다. 그러나 우리가 간과하고 있는 점이 있다.

미국에서는 초등학교 저학년 때 파닉스를 가르친다. 파닉스에는 그동안 우리가 미처 깨닫지 못했던 중요한 포인트가 있는데, 그것은 파닉스에 사용환경의 조건이 들어 있다는 것이다. 즉, '듣고 말하는 것이 완성된 어린이에게 소리와 글자의 관계인 파닉스를 가르친다'는 것이다. 그들은 프로그램을 만들면서 '그래야 파닉스 프로그램이 효과를 본다'는 사용환경을 설정한 셈이다.

이러한 특성을 가지고 있는 파닉스를 우리나라에서는 유치원, 초등학교 할 것 없이 영어를 처음 배우는 아이들한테 무작정 가르친다. 그러면서 '파닉스'는 무엇보다 중요하기 때문에 반드시 배워야 한다고 학부모에게 강조한다. 학부모들은 파닉스를 배우지 않으면 자녀가 영어를 제대로 못하게 된다고 믿는다.

어떤 환경에서 사용되어야 한다는 파닉스의 조건은 한국에서는 중요하게 받아들이지 않는다. 왜 이런 현상이 생기는가에 대해서는 길게 말하지 않겠다. 한마디로 '주는 쪽에서 사람들에게 역(逆)범주착오를 일으키도록 주었고, 받는 쪽에서도 눈을 크게 뜨고 보지 않아서 역범주착오를 일으켰다'는 것으로 대신한다. 가슴에 화살을 맞은 사람이 있는데, 화살이 어디서 날아왔는지, 화살촉은 어느 지역의 쇠로 만들었는지, 또 화살 깃은 어떤 새의 깃털로 만들었고 누가 쏘았는지 등을 따지는 것보다 그 사람을 살리는 것이 더 급하기 때문이다.

영어를 공부할 때 단어의 발음기호를 버리고 소리를 받아들여야 한다. 그리고 그 소리를 운동연습을 하듯이 매일 똑같이 소리를 내면서 반복해야 한다. 소리가 뇌 속에 운동으로 자리 잡을 때까지 하루도 빠짐없이 운동해야 한다.

발음기호는 무시하는 것이 좋다. 만약 발음기호를 아는 순간, 발음기호에 따라 소리를 내는 순간, 당신은 발음기호에 갇히게 될 것이다. 발음기호는 하나지만 그것을 따라서 발음하는 사람들의 소리는 모두 다르다는 것을 알아야 한다.

십인십색(10人10色)의 소리

beau·ti·ful [bjúː təfəl]을 미국인 열 명에게 발음하도록 지시한 다음, 녹음해서 음성분석기로 분석해보면 발음이 모두 제각각이라는 사실을 알 수 있다.

그들이 발음한 단어는 하나지만 소리는 하나로 일치하지 않는다.

그 소리들을 점으로 찍으면, 그림과 같이 일정 밴드 폭 안에서 각각 다른 위치에 열 개의 점이 찍힌다. 어린이, 성인 남자와 여자, 할머니, 할아버지 등 다양한 연령대의 소리는 음색과 주파수 등에 따라 다른 곳에 점이 찍힌다. 다만 하나의 단어를 발음했기 때문에 일정 밴드 폭 안에 들어가는 것이다.

이와 같이 한 단어의 발음이 과학적으로 사람마다 다른 데도 불구하고 우리는 단어의 발음기호가 하나이듯 소리도 완전히 하나일 것이라고 생각한다. 이것은 사실과 생각이 달라서 생긴 인지착오다.

인지착오라는 생각을 못한 사람들은 원어민처럼 발음하려고 혀를 굴리면서 안간힘을 쓴다. 그 소리만 정답이고 나머지는 오답인 것처럼 생각하기 때문이다.

원어민의 발음 또한 각각 달라서 다른 소리가 나는데, 과연 어느 것을 기준삼아 따라해야 할까? 따라 하고 싶은 발음이 밴드 폭 안에만 들어가면 별 문제없다. 왜 그럴까?

인간의 뇌는 음절의 소리, 단어의 소리, 단어가 연결된 문장에서 음절이 연음되는 소리 등을 기억할 때, 뇌 속에 오직 하나의 점만 찍는 것은 아니다. 밴드 폭 안에 들어오는 여러 개의 소리를 모두 저장하고 범주화하여 이미지와 네트워크 시킨다. 이것을 소리의 범주화라 한다. 즉, 소리의 카테고리를 만드는 것이다.

단어 하나의 발음기호에 대한 각인각색의 소리 분포

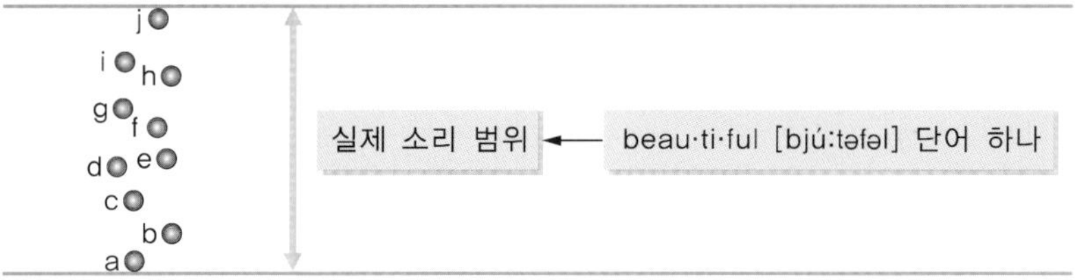

예를 들어, 아이가 젖먹이 때부터 '엄마'라는 소리를 듣는다고 해보자. 아이는 엄마가 '엄마'라고 하는 소리, 옆집 아주머니가 '엄마'라고 하는 소리, 할머니가 '엄마'라고 하는 소리, 할아버지가 '엄마'라고 하는 소리, 아빠가 '엄마'라고 하는 소리, 형이나 누나가, '엄마'라고 하는 소리 등 이 모든 소리를 들으면서 자라게 된다.

이때 아이는 다양한 사람들에 의해 발화된 '엄마'라는 모든 소리를 범주화하여 기억하고 엄마의 이미지와 개념에 네트워크 시킨다. 앞의 그림과 같이 아이의 뇌 속 카테고리 밴드에는 여러 개의 '엄마'라는 소리의 점들이 고르게 찍히는 것이다.

훗날 아이는 자신의 뇌 속에 찍혀 있지 않은 학교 선생님의 '엄마'라는 소리 b●가 입력되어도 이미 '엄마'라는 소리가 고르게 여러 개가 있으므로, a●와 c● 사이의 소리인 b●를 '엄마'로 알아들을 수 있게 된다.

만약 '나는 오리지널 원어민 발음만 공부할 거야'라고 하면서 가장 또박또박 발음하는 미국인의 소리 하나만 저장시켰다고 가정해보자.

현재 시중에 나와 있는 전자사전 형태의 모든 학습기가 여기에 속한다. 그런 학습기에는 또박또박 발음하는 원어민 남자 또는 여자의 소리가 담겨있다. 그들의 소리는 실제 소리의 밴드 폭에서 아래의 그림과 같이 나타난다.

하나의 소리만 저장한 경우 - 기억의 불안정

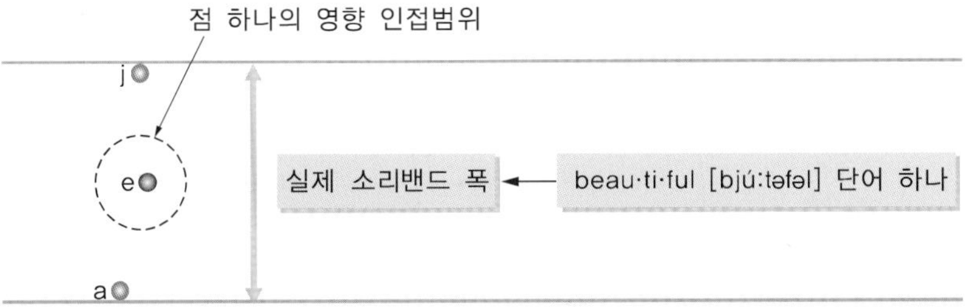

원어민의 소리는 뇌 속의 소리밴드 폭에서 e● 하나만 찍히는 꼴이다. 당연히 하나도 안 찍힌 것보다 훨씬 낫다. 그러나 이 경우에는 e●의 인접범위를 벗어난 a●나 j● 같은 소리가 들어오면 알아듣지 못하게 된다. 한 마디로 '뭔 말이야?'가 된다.

5,000개 이상의 영어단어에 소리점을 찍어야 하는데, 한번 찍을 때 여러 개를 찍어두지 왜 굳이 한 개만 찍으려고 할까? 오직 하나의 소리만 계속해서 선택한다면 그것은 결국 돈과 시간의 낭비다.

영어를 동시통역하는 사람들에게 물으니 그들은 일반인이 잘 모르는 고충 한 가지가 있다고 했다. 세계 각양각색의 사람들이 영어로 하는 말을 통역하는 동시통역사지만 상대방이 무슨 말을 하는지 도통 알아들을 수가 없어 난감할 때가 있다는 것이다. 그야말로 식은땀 흐르는 순간일 테다. 그것은 소리의 밴드 폭을 벗어나거나 가장자리 쪽에 위치한 소리가 들어와서 무슨 말을 하는지 못 알아듣는 경우에 해당한다.

그러므로 현재 시중에서 판매되고 있는 전자사전 형태의 모든 단어 학습기는 이 책에서 제시하고 있는 이론들을 적용하여 새롭게 만들어져야 한다. 그래야만 역범주착오 없는 효율적이고 과학적인 학습결과가 나온다.

반기문 유엔 사무총장의 영어

뇌에 있어서 소리의 범주화는 이미지의 범주화보다 훨씬 쉽고 에너지를 적게 사용한다고 판단된다. 이미 범주화시켜 놓은 이미지와 개념에 소리 몇 개를 찍어 기억하고 연결하는 것에 불과하기 때문이다.

소리는 최소한 세 개 이상을 찍어 주는 것이 필요하다. 자극과 기억 자체를 안정화시키는 데도 세 개 이상의 소리를 하나의 이미지와 개념에 연결시키는 것이 효과적이다.

'**자극과 기억의 안정화 효과**'란 사물의 한 면만을 계속적으로 보여주면서 사물의 이름을 기억시키는 것보다 사물의 이쪽 면 저쪽 면을 다양하게 보여주면서 기억시키는 것이 더 안정적으로 기억된다는 것을 말한다. 한 면만 계속 보았을 때의 기억은 불안정해서 약간 다른 모습에는 반응하지 못하기 때문이다.

소리에서도 이와 같은 효과가 있다. 하나의 소리를 반복해서 들을 경우 처음 몇 초가 지난 후에는 소리가 변화가 없는 동일자극으로 인식되어 그 자극효과가 사라진다. 그러나 하나의 단어를 들을 때 세 개 이상의 다른 소리로 자극하면 보다 오랫동안 자극효과를 유지할 수 있다.

자극효과가 유지되는 동안에는 기억효과도 유지된다. 그리고 소리가 세 개 이상이면 소리밴드 폭 전체에 영향을 미칠 수 있는 인접범위를 가지게 된다.

영어는 세계에서 가장 많은 나라가 사용하고, 가장 다양한 인종이 사용한다. 그러나 발음과 억양은 모두 각양각색이다. 그럼에도 서로 의사소통을 원활하게 하는 것은 '자극과 기억의 안정화 효과'라는 원리 때문이다.

자극과 기억의 안정화 효과 – 3개 이상의 소리 필요

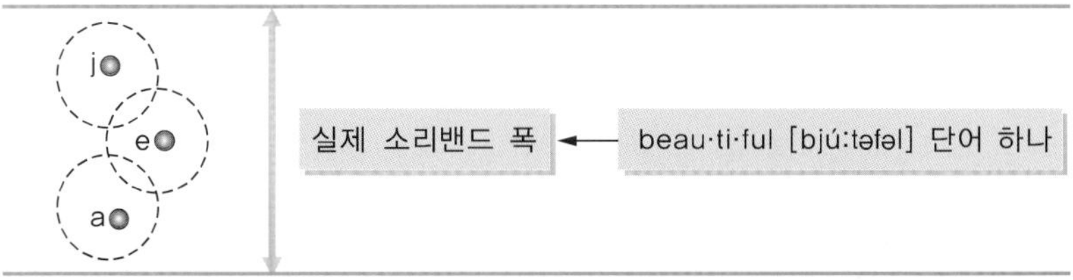

다시 말해, 뇌 속의 소리밴드 폭 안에 여러 개의 점이 찍혀 있는데, 어떤 소리가 그 밴드 안에 들어오면 소리의 범주화가 일어나게 되는 것이다.

반기문 유엔 사무총장의 영어발음은 원어민들과 확실히 다르다. 한국 사람들에게는 마치 옆집 아저씨가 영어를 하는 것처럼 느껴진다. 어떤 사람들은 영어발음으로 영어실력을 가늠하는 '영어발음 = 영어실력'의 역범주착오 경향이 심하다. 그래서 혀를 굴려 발음해야 좋고 영어를 잘한다고 착각하는 사람들이 반기문 유엔 사무총장의 영어발음을 듣는다면, '영어 잘 못하네'라며 무시할지도 모른다.

하지만 반기문 유엔 사무총장의 영어발음을 점으로 찍어보면 실제 소리밴드 폭 안에 찍힌다. 그가 영어로 하는 말을 세계 사람들이 모두 알아듣는 이유가 여기에 있다. 또한 반기문 유엔 사무총장의 뇌 속 소리밴드 폭 안에는 각 단어들에 대한 다양한 나라의 다양한 사람의 소리가 적절하게 분포되어 점으로 찍혀 있다. 이는 그가 전 세계 사람들의 영어를 모두 알아듣는 이유다.

인간은 소리를 듣고, 기억하고, 흉내를 내는 타고난 생물학적 능력이 있다. 그것이 바로 언어능력이다. 태어날 때 이미 갖고 나온 그 천부적인 능력을 사용하는 것이 효과적일까, 아니면 인위적으로 만든 책 속에 인쇄된 발음기호에 갇혀서 불완전하게 소리를 배우는 것이 효과적일까?

지금은 과거의 녹음기와는 차원이 다른 성능이 뛰어난 IT기기들이 셀 수 없을 정도로 많다. 그래서 소리와 영상을 손 안에 간편하게 가지고 다니면서 이용할 수 있게 되었다. 또 인터넷 인프라가 잘 되어 있어서 전 세계의 뉴스를, 생생하게 살아 있는 소리를 컴퓨터 앞에서 언제든지 자유롭게 들을 수 있다. 그것도 원하는 소리만 따로 모아서 편집해서 들을 수도 있다.

과거에 녹음기가 없던 시절, 소리를 만날 수 없던 그 시절과는 시대가 완전히 달라졌다. 따라서 언제 어디에서나 제공되는 소리와 영상을 우리는 최대한 활용해야 한다.

최첨단의 시대를 살고 있는 우리가 왜 소리가 없는 영어공부를 해야 하는가? 왜 책에 인쇄된 글자에 사로잡혀 소리를 타고 자유롭게 날아다니지 못하는가? 왜 인쇄된 발음기호에 갇혀서 우리의 혀를 혹사시켜야 하나? 왜 타고난 재능으로 듣고 그대로 소리 내도록 혀에게 자유를 주지 못하는가? 왜 현대 과학기술의 모든 혜택을 외면하고 오래되어 낡고 쓸모없고 비과학적인 영어 학습방법을 아이들에게 대물림하고 있는가?

06
왜 영어가 안 들릴까?

지금까지와는 다른 새로운 방법으로 영어가 들리지 않는 이유를 알아보자.

여기에서는 가급적 글을 피하고 그림을 이용해서 설명하고자 한다. 제시되는 그림을 보는 것만으로도 영어가 왜 안 들리는지 그 이유를 금방 이해할 수 있을 것이다.

또한 우리의 뇌 속에서 일어나는 현상을 그대로 보는 것 같은 느낌이 들 것이다.

다음의 그림은 뇌 속의 언어 모델을 전구 이미지로 모형화한 것이다. 먼저, 전체적인 모양과 세부명칭을 살펴보자.

뇌 속 언어의 전구모델(단어 네트워크 동체효과의 전구모델)

[한국어를 모국어로 사용하는 사람의 뇌 속]

[외국어로서 영어를 학습하는 사람의 뇌 속]

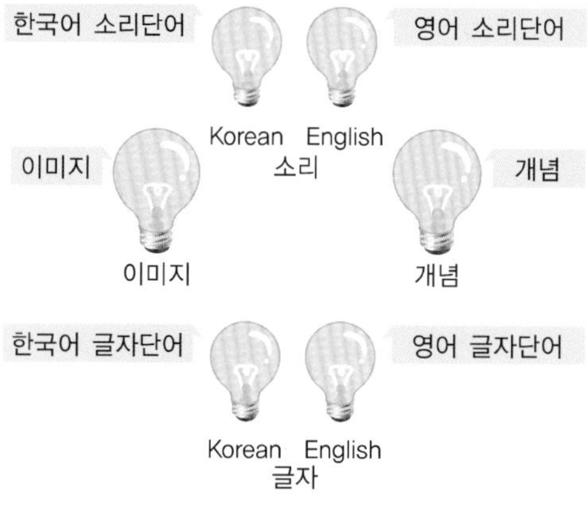

세부명칭을 이해했다면 이제부터는 뇌 속 언어의 기본 전구모델이 주어진 환경에 따라 어떻게 나타나는지 유형별로 살펴보자.

한국어-경우 1: 한국인이 모국어의 말을 배워가는 유아기

예 : 젖먹이 아이가 두 단어로 이루어진 "아가 예쁘다"라는 엄마의 말이 무슨 말인지 아직 모를 때.

소리는 들어도 그 소리의 뜻은 모른다. 소리의 불은 켜져도 이미지와 개념의 불이 켜지지 않았기 때문이다.

한국어-경우 2: 한국인이 모국어의 말을 배워가는 유아기

예 : 젖먹이 아이가 두 단어로 이루어진 "아가 예쁘다"라는 엄마의 말에서 '아가'라는 소리단어 하나만 알아듣고 '예쁘다' 라는 소리단어는 아직 무슨 말인지 모를 때.

'아가'라는 소리는 이미지와 개념의 전구에 불이 켜지면서 알아듣지만, '예쁘다'의 소리는 들려도 '예쁘다'의 뜻은 모르는 상태. 글자 전구는 안 켜짐.

한국어-경우 3: 한국인이 모국어의 말을 배워가는 유아기

예 : 젖먹이 아이가 두 단어로 이루어진 "아가 예쁘다"라는 엄마의 말에서 두 단어 모두를 알아듣을 때.

'아가 예쁘다'는 소리를 듣는 순간 두 단어 모두 이미지와 개념의 전구에 불이 켜지면서 그 말뜻을 알아듣는 상태. 글자는 아직 안 배웠으므로 글자 전구는 불이 안 켜진 상태다.

한국어-경우 4: 한국인이 학교에서 모국어의 글자를 배우는 시기

예: 아기가 커서 초등학교에 입학해 한글을 배웠다. 한글을 소리 나는 대로 쓰고 읽을 줄 아는 상태에서 아이가 엄마로부터 두 단어로 이루어진 "아가 예쁘다"라는 말을 들었을 때.

'아가'와 '예쁘다'의 두 단어 모두 이미지와 개념의 전구에 불이 켜지고, 글자의 전구에도 불이 켜진다. 완전 소통.

한국어-경우 5: 한국인이 모국어의 글자를 모두 배웠을 때

예 : 아기가 커서 초등학교에서 한글을 배웠다. 한글을 소리 나는 대로 쓰고 읽을 줄 아는 상태에서 아이가 TV 뉴스에서 나오는 세 단어로 이루어진 "외교적 파장이 크다"라는 말을 들었을 때. 단, 아이는 '외교적'과 '파장'이란 단어의 개념(뜻)을 모르고 '크다'만 알고 있다.

TV 뉴스 소리
(외교적 파장이 크다)

'외교적', '파장'이란 두 단어의 이미지와 개념이 없으므로 소리와 글자의 불은 켜져도 말 전체의 뜻은 알아듣지 못한다. '크다'만 불이 켜지고 알아듣는다.

이 경우 '외교적'이라는 단어와 '파장'이라는 단어의 이미지와 개념을 뇌 속에 저장시키기 위해 학생이 사전을 찾는 경우는 매우 드물다. 학생의 뇌는 뉴스를 들을 당시의 이미지와 느낌을 먼저 저장하고, 이후 그가 생활하면서 접하는 '외교적'이라는 소리단어와 연관된 새롭고 다양한 이미지와 느낌을 받아들여서 범주화 과정을 밟는다. 그러면서 학생은 '외교적'이라는 단어의 개념을 갖게 된다. '파장'이라는 단어도 같은 과정을 거친다. 이런 과정을 거친 다음 '외교적 파장이 크다'라는 소리를 듣게 되면, 그의 뇌는 자기만의 이미지와 개념을 통해 그 말의 뜻을 이해하게 된다.

이 같은 과정을 잘 보여주는 재미있는 게임이 있다. TV를 시청하다 보면 가끔 한 연예인이 단어를 설명하면 상대 연예인이 그 단어를 알아맞히는 스피드퀴즈 게임이 나온다. 게임을 하는 연예인들이 단어를 설명하는 방식은 모두 제 각각이다. 그 이유는 자기의 뇌 속에 저장된 이미지를 꺼내어 보여주면서 상대방에게 그 이미지와 연관된 단어의 소리를 내도록 유도하기 때문이다. 그것을 지켜보는 시청자들 또한 자기의 이미지를 떠올리면서 단어를 설명해 보기도 한다.

당신이 스피드퀴즈를 하는 연예인이라 생각하고, '파장'이라는 단어를 상대방이 '파장'이라는 소리를 내서 맞힐 수 있도록 설명해 보자.

어떻게 설명해야 가장 효과적일까. '파장'이라는 소리단어가 당신의 뇌 속에 어떤 이미지와 개념으로 자리 잡고 있는지 떠올려 보자.

한국어-경우 6: 한국인이 모국어의 글자를 모두 배웠을 때

예 : 아기가 커서 초등학교에서 한글을 배웠다. 한글을 소리 나는 대로 쓰고 읽을 줄 아는 상태에서 아이가 신문에서 세 단어로 이루어진 '인생은 새옹지마와 같다.'라는 문장을 읽었을 때. 단, 아이는 '인생', '같다'의 개념은 알고 '새옹지마'의 개념은 모른다.

글자를 볼 때 '인생은 새옹지마와 같다'를 마음속으로 소리를 내면서 읽는다. 따라서 세 단어의 소리와 글자에 모두 불이 켜지고 뜻을 아는 '인생은'과 '같다'의 이미지와 개념에도 불이 켜진다. 하지만 의미를 모르는 '새옹지마'의 이미지와 개념에는 불이 켜지지 않는다. 이 경우 아이가 문장의 의미를 파악할 수 있을까?

한국인-영어 학습 : 모국어 네트워크 통체가 작동하지 않아 영어를 알아듣지 못하는 세 가지의 경우

경우 1: 한국인이 학교에서 외국어로서 영어를 배울 때

예 : 영어를 배우는 첫 시간에 난생 처음 원어민 교사의 "pretty girls"라는 말소리를 들었을 때.

원어민의 말소리
(pretty girls)

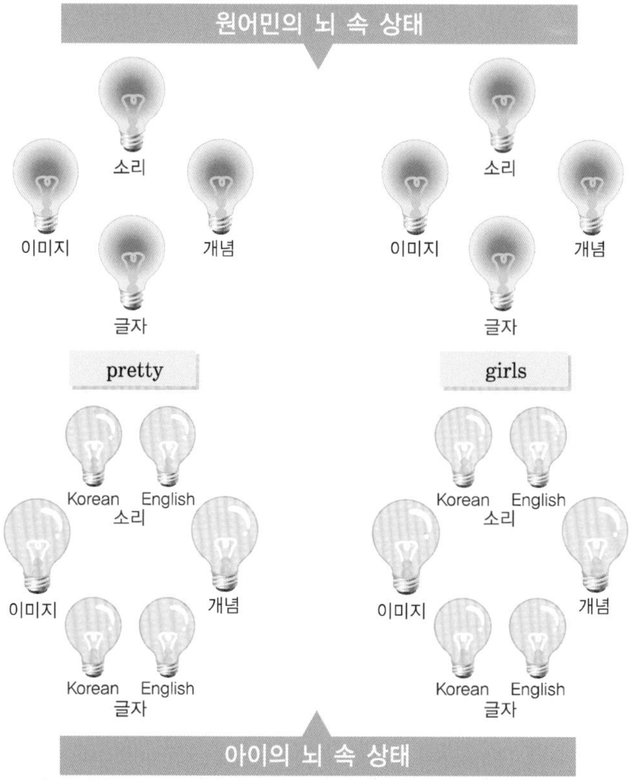

난생 처음 듣는 영어단어 소리는 흉내 내기도 어렵고 글자도 모른다. 또 한국어와 어떤 관계인지도 모른다. 뇌 속은 캄캄한 상태다. 실제로 CNN, BBC 방송을 들을 때 이런 상태를 경험하게 된다.

소리를 흉내 낼 수가 없기 때문에 영어단어의 소리에 불이 켜지지 않는다. 한국어 네트워크 동체는 아예 연결이 안 되어 있으므로 불이 켜지지 않고, 영어 글자 또한 알파벳을 아직 배우지도 않은 상태이므로 불이 켜지지 않는다. 학생의 뇌 속은 그야말로 캄캄한 상태다. 실제로 학생들은 이런 경험을 많이 한다.

경우 2: 한국인이 학교에서 외국어로서 영어를 배울 때

예: 기억된 소리단어가 한국어 네트워크에 동체화되지 않았을 때.

이때는 단어의 소리는 들리지만 그 뜻과 스펠은 모른다. 영어의 소리는 분별하여 흉내를 낼 수 있지만 그 소리가 한국어의 네트워크 동체에 연결되어 있지 않은 경우를 말한다.

즉, 영어단어의 소리가 한국어 네트워크에 동체화되어 기억되지 않았다는 뜻이다. 'pretty girls'라는 소리를 들으면 쉽게 흉내 낼 수 있기 때문에 학생의 뇌 속의 영어단어의 소리에만 불이 켜지고 한국어 네트워크 동체에는 불이 켜지지 않아 무슨 말인지 이해하지 못한다.

영어단어의 스펠도 떠오르지 않는 상태다. 단어소리를 분별하여 정확하게 흉내 낼 수 있다면 영어를 잘할 가능성이 높다. 분별되는 영어단어 소리와 한국어 단어 네트워크를 연결시켜 주면 영어의 새로운 네트워크 동체를 갖기 때문이다.

원어민의 말소리

(pretty girls)

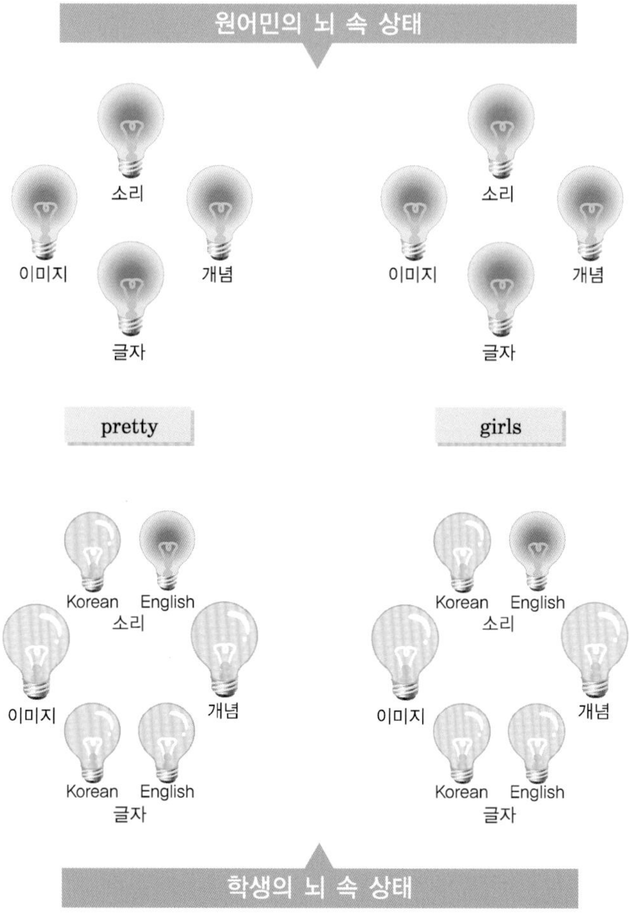

영어 소리단어 'pretty'와 'girls'을 듣고도 무슨 뜻인지 모르고 스펠도 떠오르지 않을 때, 뇌 속 상태는 영어단어 소리에만 불이 켜지게 된다. 따라서 말의 의미를 전혀 모른다.

경우 3: 한국인이 학교에서 외국어로서 영어를 배울 때

예 : CNN뉴스에서 "cardiac arrest"라는 소리를 들었을 때, 단어의 소리를 분명히 따라 할 수 있고 스펠도 알지만 뜻과 이미지를 모를 경우에 해당된다. 파닉스 공부가 된 상태다.

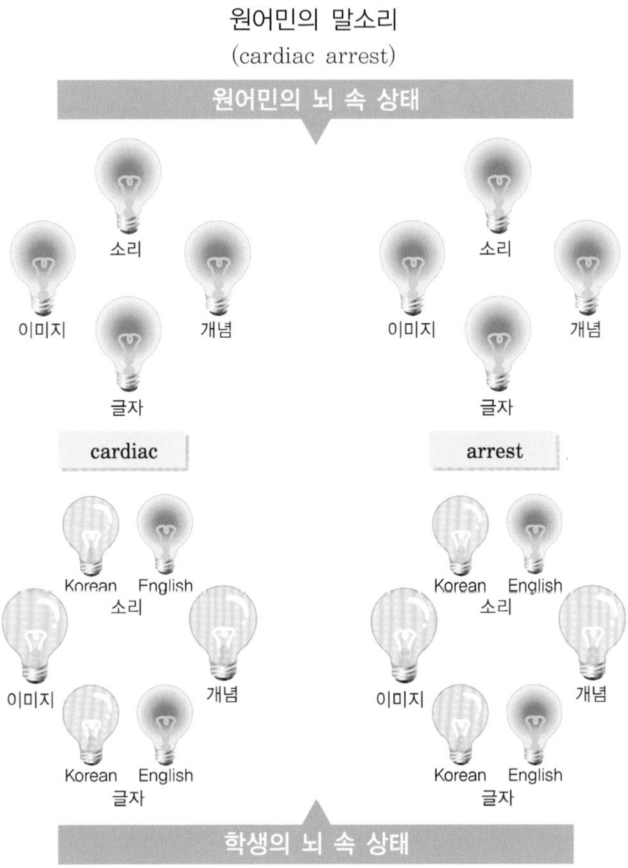

영어 뉴스에서 'cardic arrest'을 들었을 때 소리를 분명히 알고 흉내 낼 수 있으며 스펠도 정확하게 알지만 이미지와 개념이 떠오르지 않는 경우다. 영어단어 소리와 글자에만 불이 켜지게 된다. 무슨 말인지는 모르지만 학습 수준은 높은 편이다.

단어의 소리와 스펠이 한국어 네트워크에 동체화되어 있지 않았을 때다. 영어의 단어 소리를 분별하여 흉내를 낼 수 있고, 스펠도 쓸 수 있지만 소리와 글자가 한국어의 네트워크 동체에 연결되지 않아서 그것이 무슨 말인지 이해하지는 못한다.

파닉스와 듣기 훈련이 상당히 높은 수준에 도달한 사람이 이런 경우를 접하게 된다. 또 〈한국어-경우 5, 6〉과 같은 경우로, 원어민이 수준 높은 새로운 단어를 접할 때 나타나는 현상이기도 하다. 영어를 배울 때 이 정도에 도달하면 원어민 수준의 영어를 한다고 볼 수 있다.

하지만 소리와 글자는 알아도 이미지와 개념은 모르므로, 뇌 속 상태는 영어단어 소리와 글자에만 불이 켜지고 한국어 네트워크 동체에는 불이 켜지지 않는다. 따라서 무슨 말인지 제대로 알아듣지 못한다.

한국인-영어 학습 : 모국어 네트워크 동체가 작동하여 외국어로서 영어를 이해하고 학습하는 세 가지의 경우

경우 A : 모국어 네트워크 동체 + 영어 소리단어 작동

예: 영어를 배우지 않은 상태

영어를 배우지 않은 상태에서 오직 영어 소리단어만을 모국어인 한국어의 네트워크 동체에 추가하는 방법이 있을 수 있다. 영어 소리를 들으면 모국어 네트워크 동체가 작동해 이미지와 개념에 연결되고, 그 소리를 이해하게 된다.

실제로 외국어를 배우는 많은 경우가 여기에 해당된다. 즉, 어떤 나라의 문자를 배우기 이전에 그 나라의 말(소리)부터 배우는 것이 일반적인 외국어 학습의 경로에 해당되기 때문이다. 실제로 한국어를 배우는 많은 외국인 또한 한글을 배우기 전에 한국인 친구와 지내면서 일상적인 말부터 배우는 경우가 많다.

미국에는 스페인어를 모국어로 하는 중남미 쪽에서 온 사람들이 많다. 그들 중 일부는 영어를 제대로 읽고 쓰지 못하지만 유창한 말로 의사소통을 한다. 이런 경우도 여기에 해당된다.

영어를 전혀 배우지 않은 상태로 미국으로 이민을 간 한국인이 영어를 잘 읽고 쓰지는 못해도 말을 잘하는 경우도 마찬가지의 경우다. 만약 그가 TV 뉴스에서 나오는 "How human beings speak"라는 소리를 들었을 때 그의 뇌 속 상태는 다음과 같다.

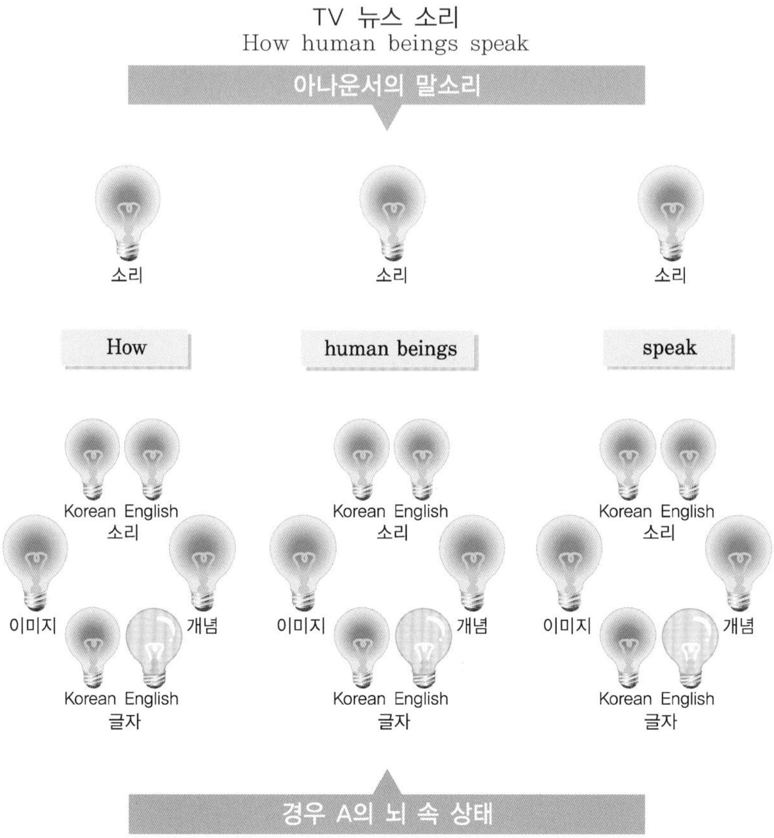

모국어 네트워크 동체에 영어의 소리가 네트워크로 추가되어 작동한다. 완전히 말을 알아듣고 또 할 줄 안다. 그러나 영어 글자에는 불이 켜지지 않는다.

경우 B: 모국어 네트워크 동체 + 영어 글자단어 작동

예: 글은 읽을 줄 알면서 말은 못하고 듣지도 못하는 경우
– 현재 한국의 영어교육 상태

영어의 소리를 배워서 익히지 않고, 영어의 글자만 익혀서 모국어 네트워크 동체에 추가하는 경우가 있을 수 있다. 외국어를 배우는 데 있어서 이런 경우는 흔치 않다. 이는 외국어를 배우는 것이 아니라 외국문자를 배우는 꼴이다.

조선시대 선비들은 한자를 사용하면서 중국의 소리를 쓰지 않고 우리식의 소리 즉, 한자의 우리말 음을 쓰면서 한자를 문자로 사용했다. 그러면서도 한자 문장의 뜻은 중국식을 사용했다. 소리는 우리 방식으로 읽고, 문장은 중국식으로 풀이하면서 한자를 이중적으로 사용한 것이다. 그 전례를 찾아보자.

예를 들어 '學而時習之 不亦悅乎'는 '학이시습지 불역열호'라고 우리말 음으로 읽고 외웠다. 그러나 '배우고 때로 익히니 즐겁지 아니한가'라고 해석하면서 뜻은 중국식 문법에 맞도록 풀이하고 익혔다.

지금 우리나라 학생들의 영어 학습이 이 경우에 해당된다고 해도 과언이 아니다. 서점에서 판매되고 있는 수많은 영어 관련 책들의 영어에 대한 나름대로의 백가쟁론식 경험적 처방들이 모두 경우 B에서 발생한 문제들이다. 외국어를 배울 때 절대적으로 피해야 할 학습방법임에도 그러한 학습법이 넘쳐나는 곳이 바로 대한민국이다.

그 덕분에 한국 사람이 10년 넘게 영어를 공부하면 말을 제대로 알아듣지는 못해도 글자는 어느 정도 읽을 수 있다. 설령 원어민은 못 알아들을지언정 자기식대로 발음하며 소리 내 읽을 수는 있는 것

이다.

영어로 말은 못하고 못 들어도 글의 독해는 가능하다니 그 효율성이 정말 놀랍지 않은가. 필담을 주고받으면 원어민과 어느 정도 소통도 된다. 꼭 조선시대 선비들이 중국인과 필담을 주고받던 때로 돌아간 듯하다. 웃어야 할지 울어야 할지 모를 안타까운 상황이다.

지금 한국 학생들의 뇌 속은 다음의 그림과 같이 영어 소리단어는 작동하지 않고, 모국어 네트워크 동체와 영어 글자단어가 새로운 네트워크로 작동하도록 훈련되고 있다. 중·고등학생들의 단어학습방법을 보면 이해가 될 것이다.

지금 당장 서점에 가서 학생들을 위한 영어 관련 책들을 살펴보라. 수십 종의 단어학습 책들이 모두 똑같은 형식과 양식을 갖고 있다. 즉, 영어 소리는 없고, '문자로 된 영어단어 글자 -인쇄된 발음기호-한국어 네트워크 동체 연결'의 형식이다.

이렇게 학습한 사람들의 뇌 속 상태는 영어 소리단어에 불이 켜지지 않는다. 말을 알아듣지도, 말을 자유롭게 할 수도 없다. 단지 영어 글자와 모국어 네트워크 동체가 연결되어 책을 읽고 해독할 수 있을 뿐이다.

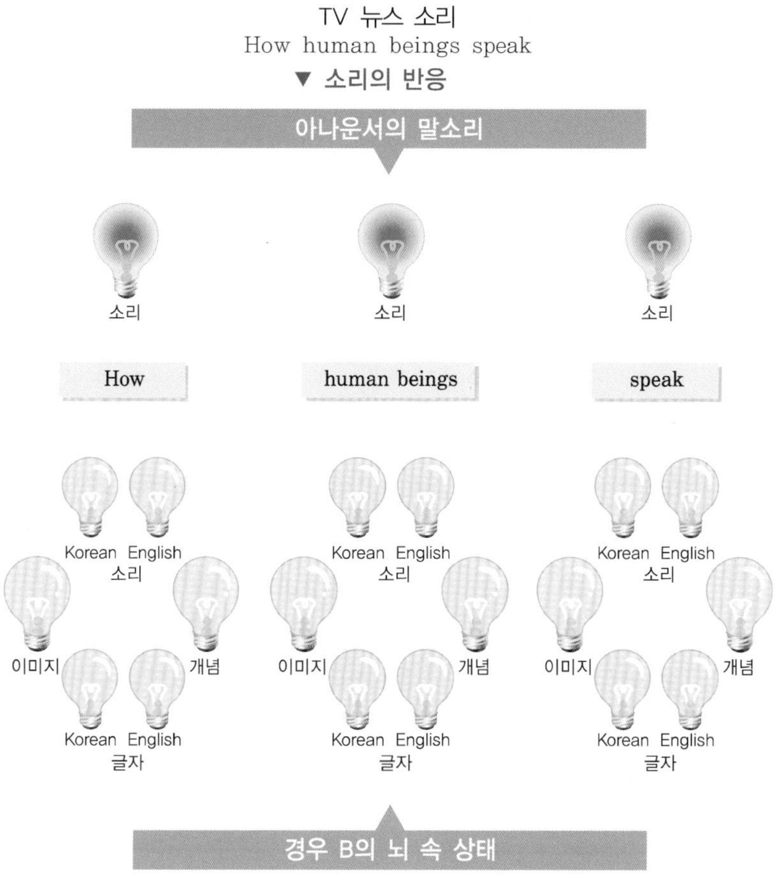

TV에서 'How human beings speak'라는 소리를 들어도 뇌 속에는 어떤 불도 켜질 수 없다. 글자와 모국어 네트워크만 작동하는데 소리가 들어왔기 때문이다.

How human beings speak

▼ 글자의 반응

영어 글자와 모국어 네트워크 동체가 작동하므로 글자를 해독할 수 있다. 따라서 영어 소리만 제외하고 모두 불이 켜진다. 부단히 노력한 사고학습의 결과이지만 외국어 학습의 효율성이 매우 낮다.

경우 C: 모국어 네트워크 동체 + 영어 소리단어 + 영어 글자단어 작동

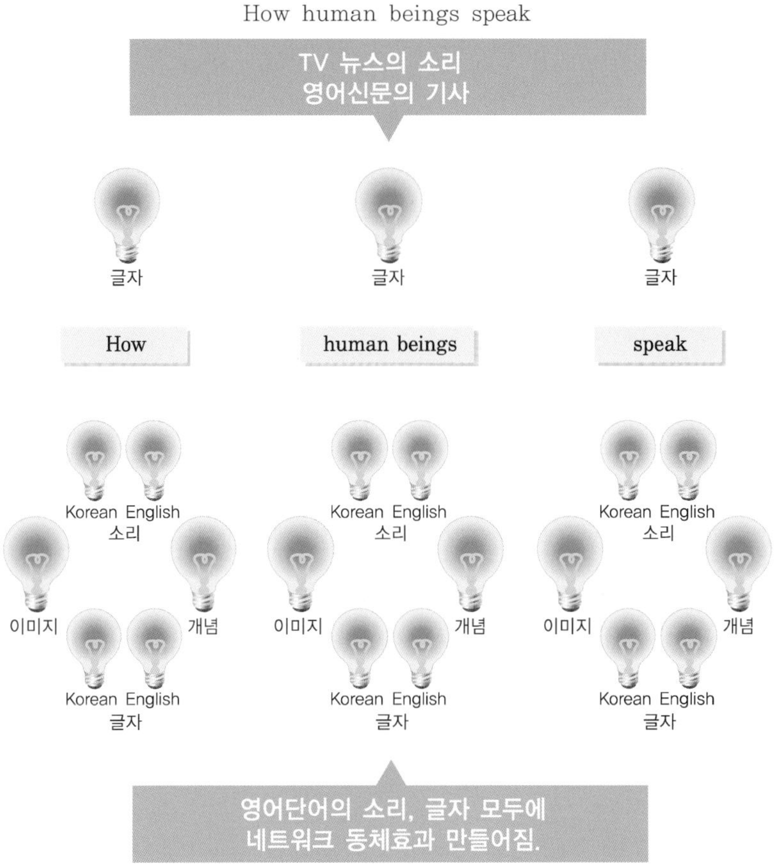

영어 소리단어와 영어 글자단어와 모국어 네트워크 동체가 모두 연결되어 함께 작동하므로, 영어의 소리와 글자를 이해할 수 있다. 이 경우는 영어뿐 아니라 다른 모든 외국어 학습의 최종 목표다.

모국어를 완전히 습득한 사람이 외국어로 영어를 학습할 때 모국어처럼 영어 소리와 글자를 모두 이해하는 것이 최종 목적이 된다.

우리나라의 영어교육은 이러한 목표를 지향한다. 문제는 그것이 현실화되지 않고 있다는 데 있다. 교육목표는 경우 C를 지향하면서 실제로 학교에서 교육하고 있는 방법은 경우 B를 따르고 있는 것이다.

경우 C는 조기 유학이 아닌 대학이나 대학원을 마친 후 미국 등지로 유학 간 사람들이 해당된다. 그들은 거의 모든 개념과 이미지를 모국어로 완성시킨 상태에서 미국에 간다. 따라서 그곳에서 습득하는 영어의 소리단어와 영어의 글자단어가 모국어 네트워크 동체에 자연스럽게 추가된다.

지금까지, 경우 C처럼 영어에 대한 목표를 쉽게 달성할 수 있도록 언어습득이 이루어지는 과정과 뇌 속 상태를 과학적으로 살펴보았다. 모국어처럼 영어를 사용할 수 있다는 것을 과학적으로 이해시키기 위하여 영어에 대한 'What'과 'Why'를 기술한 것이다.

이제 다음 장에서 소개되는 영어에 대한 'How'를 확실하게 이해한다면, 영어 학습의 최종목표를 달성할 수 있는 방법을 알게 될 것이다.

미국에 가지 않고, 원어민 교사의 도움 없이 당신도 영어를 잘할 수 있다.

07
원어민 교사, 왜 그것이 역범주착오 인가?

역범주착오와 광고효과

범주착오(category mistake)란 말은 길버트 라일(G. Ryle)의 비유에서 비롯되었다. 그의 비유를 조금 살펴보자.

서울의 어느 대학에 다니는 손자가 시골에서 올라온 할머니에게 대학 구경을 시켜준다고 가정해 보자.

손자는 "할머니 제가 다니는 대학 구경시켜 드릴게요"라며 할머니를 모시고 대학 캠퍼스로 간다. 그리고 강의실을 보여주며 "할머니, 여기는 강의실이고요" 또, 도서관을 보여주면서 "여기는 책이 많이 있는 도서관이에요"라고 열심히 설명한다. 이와 같이 운동장과 기숙사, 식당, 실험실, 교수연구실 등을 차례로 보여준다.

그리고 난 후 손자가 묻는다. "할머니, 구경 잘 하셨어요?" 그런데, 할머니가 "얘야, 다리가 많이 아프다만 구경은 참 잘 했구나. 그런데 네가 다닌다는 대학은 도대체 언제 구경시켜 줄 참이냐?"라고 말한다. 할머니의 이 물음에 손자는 어떻게 대답해야 할까.

길버트 라일은 이러한 상황이 벌어진 것은 범주착오 때문이라고 했다. 그는 또 하나의 예로 범주착오의 의미를 확실히 전달하고 있다.

누군가가 어린아이에게 군대를 보여주겠다고 했다. 그는 아이를 데리고 가서 행진하고 있는 군인들을 가리키며 "얘야, 저건 병사들이다" 또, 뒤 따라오는 탱크와 포병, 미사일 부대를 향해 "저건 탱크부대다, 저건 포병대대다, 저건 미사일 부대다"라고 설명해 준다. 그런데 아이가 "그런데 군대는 어디 있어요?"라고 묻는다면 어떻게 해야 할까.

우리의 언어능력에는 기본적으로 어떤 대상과 관련된 것들을 범주화하는 기능이 있어서 웬만해서는 실제로 이런 일들이 발생하는 경우가 극히 적다. 만약 주변에서 이러한 일이 생겨서 할머니와 아이처럼 질문하면 상대방은 "웬 생뚱맞은 개그?"라며 받아치기 십상이다.

길버트 라일은 일상생활에서는 잘 일어나지 않는 이러한 극단적인 예를 들었다. 그리고 라일은 그것을 개념의 범주화로 보고 '범주착오'라고 이름 붙였다.

길버트 라일의 범주착오는 일상에서 좀처럼 일어나지 않지만 반대로 그것을 뒤집어 보면 일상에서 빈번하게 일어나는 현상이 된다. 나는 그것을 '**역범주착오**(inverse category mistake)'라 정의하겠다.

대학은 어느 한 곳만을 지칭하는 게 아니라 강의실, 도서관, 운동장, 기숙사, 실험실, 식당, 교수연구실 등을 모두 합한 개념이다. 군대 또한 마찬가지다. 병사들, 총, 탱크, 포대, 미사일 등 군에 필요한 모든 것이 합해져서 군대가 된다. 즉, 조그만 카테고리들이 모여 새롭고 큰 카테고리 하나가 만들어지는 것이다. 이것을 모르는 사람은 없다.

그런데 여기에서 인지착오를 일으키면 강의실을 대학의 전부로 착각할 수 있다. 이는 범주착오가 아니라 역범주착오이다. 즉, 강의실만 있으면 대학이 있는 것으로 착각하는 것이다. 탱크부대만 있으면 군대를 모두 가진 것처럼 착각하는 것이다.

이처럼 역범주착오란 구성요소 중 영향 인자가 가장 큰 하나만 있으면 모든 것이 다 갖춰졌다고 착각하는 것을 말한다.

인간은 누구나 다양한 욕망을 갖고 있기 때문에 역범주착오에 항상 노출되어 있으며, 쉽게 빠져든다. 또한 자신의 오류를 쉽게 깨닫거나 바꾸지 못한다. 그 이유는 역범주착오가 내면의 욕망과 연결되어 있기 때문이다. 그래서 욕망과 관련된 중대한 인지착오의 상당부분은 역범주착오에서 비롯된다. 반면, 흔히 착시나 환청, 감각적으로 잠시 잘못 인지한 것들은 쉽게 깨닫고 정정한다.

요즘은 역범주착오를 광고 마케팅에 활용하고 있다. 브랜드 광고는 엄밀히 말하면 소비자로 하여금 역범주착오를 일으키도록 유도하는 것이다.

브랜드 광고뿐만 아니라 모든 광고가 역범주착오를 일으키도록 만들어지고 있다. 제품이 갖고 있는 모든 요소를 일일이 설명하고 자랑할 수 없으므로, 그중에서 가장 내세울만한 것을 선택해서 표현할 수밖에 없다. 이 정도면 괜찮은 편에 속한다. 제품에 대한 신뢰가 바탕이 된 광고는 역범주착오 비율이 그다지 크지 않을 수 있기 때문이다.

그런데 생산자는 그렇게 광고하면 물건이 안 팔린다고 생각한다. 따라서 법이 허용하는 한도 내에서 역범주착오 비율을 최대한 크게 하려고 하며, 이는 곧 판매와 직결된다고 본다.

브랜드명이 세탁기고, TV이고, 자동차 자체다. 제품은 기능이 분명하게 정해져 있으므로, 구매해서 사용해 보면 제품에 대한 평가를 금세 내릴 수 있다. 착오율이 일정 범위 안에 있기 때문이다. 만약 착오율이 터무니없이 크면 과대광고로 고발당하기 십상이기 때문이다.

원어민 교사와 역범주착오

교육에서는 광고처럼 역범주착오를 일으키면 안 된다. 물론 일으키도록 유도해서도 안 된다. 교육설계자와 교육수혜자 모두 역범주착오를 일으키지 않는 것이 좋다.

영어교육에 있어서 현재 우리나라의 가장 큰 역범주착오는 원어민 교사를 활용하는 교육이다. 한국은 지금 가르치는 측도 배우는 측도 원어민 교사의 역범주착오에 완전히 무방비상태로 노출되어 있다. 즉, '원어민 교사 교육 = 영어교육 완성'이라고 믿고 있다. 이것이 말이 된다고 생각하는가? 영어교육의 완성을 위해서는 얼마나 많은 조건들이 결합되어야 할까?

영어교육의 카테고리는 크게 학생 카테고리, 프로그램 카테고리, 환경 카테고리, 교사 카테고리로 나눌 수 있다. 이것은 또한 배우는 그룹과 가르치는 그룹 양쪽을 연결하는 인터페이스 그룹과 그들이 작동하는 환경 그룹으로 나눌 수 있을 것이다.

각 카테고리는 여러 가지의 경우를 가질 수 있다. 학생 카테고리는 혼자인가 여러 명인가, 또는 학교에서처럼 20~30명인가 등의 학생수부터 수준, 연령대 등으로 구분된다.

프로그램 카테고리와 환경 카테고리, 교사 카테고리도 마찬가지다. 이처럼 다양한 구조를 가진 카테고리들이 서로 결합되었을 때, 영어교육에서 발생되는 경우의 수는 너무나 많다.

영어교육의 완성에 필요한 조건집합

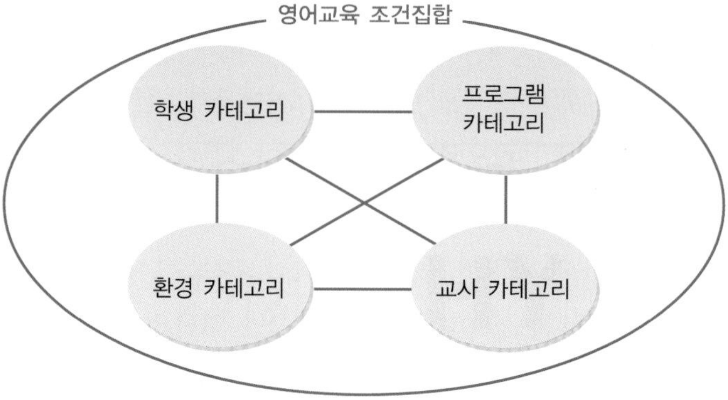

원어민 교사는 교사 카테고리의 여러 경우 중 한 경우에 속한다. '원어민 교사가 가르친다면'의 조건은 '몇 명의, 어떤 수준의, 몇 살 정도의, 얼마만큼 노력하는' 등의 학생 카테고리와 '어떤 교육 프로그램을 가지고' 등의 프로그램 카테고리와 '어떤 환경에서, 하루에 몇 시간을, 몇 명의 원어민 교사가' 등의 환경 카테고리와 결합되어야 무언가 희미한 답을 추측해볼 수 있다.

그럼에도 불구하고 '원어민 교사의 영어교육 = 영어교육 완성'이라고 생각하거나 말하는 사람이 있다면 이는 명백히 역범주착오에 해당한다고 볼 수 있다.

위의 경우들 중에서 하나를 선택해 간단한 시뮬레이션을 통해 살펴보자.

원어민 교사 1명이 30명의 학생을 대상으로 교재를 이용해 학교교실에서 하루에 1시간씩 일주일에 5번 수업하는 프로그램이 있다고 하자. 이것을 제외한 다른 조건들은 지금과 같다.

사실 이 조건은 실현이 불가능하지만 매우 좋은 조건임에는 틀림없다. 초등학교, 중학교, 고등학교에 모두 원어민 교사가 배치된다면 학교의 영어교육 프로그램은 분명 다시 체계적으로 짜여야 할 것이다.

그러면 여기에 맞는 교육 프로그램이 교재로 다시 만들어졌다고 가정하고 역범주착오적 문제를 살펴보자. 실현불가능한 최상의 조건을 설정했는데 그것이 허상으로 밝혀졌을 때, 그보다 조건이 나쁜 나머지는 어떤 경우에도 허상이 되는 증명 방법을 따르고자 한다.

교재와 학생 수와 환경이 똑같고, 달라진 조건은 1시간 동안 영어로만 수업이 진행된다는 것이다. 5명의 그룹을 하나의 개체 단위로 가정하면 30명은 6개의 개체가 된다.

분산효과를 고려하면 개체당 제공되는 원어민 교사와의 접촉시간은 하루에 10분에 불과하다. 학생이 원어민과 하루에 10분간 접촉한다는 말이다. 이렇게 5일이면 일주일에 1시간이 된다.

원어민 교사와의 일주일 1시간의 수업으로 과연 영어가 해결될까? 모든 것은 학생이 얼마만큼 노력하는가에 달려 있다. 하루에 10분, 일주일에 1시간뿐인 원어민 교사와의 접촉효과를 극대화하려면 하루 1시간 이상 스스로 철저히 예습과 복습을 해야 그 효과가 나타난다. 이대로만 하면 분명히 효과가 있다.

원어민 교사와 공부하는 것을 운동으로 비유해보면, 달리기를 배울 때, 트레이너와 호흡을 맞춘 10분간의 훈련을 위해 매일 1시간 이상 운동장이 아닌 집에서 몸을 움직이며 연습하는 것과 같다. 그리고 운동장에 나가면 트레이너와 10분 동안 열심히 뛰는 것이다. 이렇게 매일 하면 운동효과가 곧 나타나게 된다. 왜냐하면 운동은 반복이 중요하기 때문이다.

'매일 반복한다'에서 '매일'은 매우 중요한 의미를 갖는데, 이는 인간의 생물학적 주기가 하루 단위로 형성되어 있기 때문이다.

이처럼 원어민 교사와 공부하면 다음 두 가지가 충족될 수 있다. 하나는 원어민과 수업할 때, 자신도 모르게 학습을 운동으로 받아들인다. 즉, 영어공부가 사고학습이 아닌 운동학습으로 바뀌는 것이다. 또 하나는 원어민과의 학교 수업을 위해 매일 1시간 이상 스스로 영어 학습을 하면 운동효과가 생긴다는 것이다. 만약 위의 두 가지가 충족되면 원어민 교사의 교육효과는 분명히 있을 수 있다.

매몰비용효과 발생

그런데 정말 모든 학생들이 이렇게 열심히 운동 훈련을 할까? 그렇지 않다. 그러면 현실에서는 어떤 현상이 일어날까?

먼저 다른 교과목 수업에서 현재 일어나는 것과 똑같은 현상이 일어난다. 즉, 열심히 따라가는 집단과 중간 집단, 그리고 따라가지 않는 집단이 생기게 된다. 수학, 과학, 국어 등 모든 교과목에서 나타나고 있는 현상들과 같다. 상위그룹, 중간그룹, 하위그룹. 그러면 열심히 따라가는 집단만 운동의 두 가지 효과를 충족하게 되고, 나머지 집단은 체육복만 입고 하루 10분씩 운동장에 나갔다들어오는 게 전부다. 집에서 연습할리도 없다. 따라서 운동 훈련이 이루어질 턱이 없다.

환경 조건을 지금처럼 유지했을 때 발생할 수 있는 최악의 상황 두 번째는 대학입시가 사고학습 테스트로 여전히 남아있는 경우다. 원어민 교사는 이러한 상황을 충족시키지 못한다. 즉 한국어를 잘하지 못하므로 운동학습은 시켜도 사고학습은 시키지 못한다.

모든 학생들이 문법과 문장 독해, 지금과 같은 사고 테스트를 위하여 학교 밖에서 별도의 공부를 한다면 어떻게 될까? 학교에서 10분 동안의 운동학습을 하고, 학교 밖에서 매일 몇 시간의 사고 훈련을 하면 뇌의 신경뉴런은 어느 쪽으로 발달하게 될까? 당연히 신경뉴런은 사고 훈련 쪽으로 발달할 수밖에 없다.

여기에서 매몰비용효과(sunk cost effect)가 발생한다. 돈이나 시간, 노력 등을 투입하면 그것을 지속하려고자 하는 성향이 강하게 나타나는데 이것을 매몰비용효과라고 한다.

하루 몇 시간씩 들이는 사고 훈련과 그것의 최종 목표인 사고 훈련 결과 테스트를 위해 하루 10분정도의 운동 훈련은 이제 중요하지 않게 된다. 그러면 사고 훈련에 돈이나 시간, 노력을 계속 쏟아부을 가능성이 커진다. 학생들은 그것이 진짜 영어공부와 멀어진다는 것을 알아도 어쩔 수 없이 그 길을 선택할 수밖에 없다. 실제로 매몰비용효과라는 것이 그렇기 때문이다.

이런 간단한 시뮬레이션으로도 '원어민 교사 영어교육 = 영어교육 완성'이 분명한 역범주착오임을 알 수 있다. '원어민 교사 1명-학생수 30명-학교교실에서 주 5일 연속 하루 1시간 수업'라는 최상의 조건을 만족하기 위해서 몇 명의 원어민 교사가 필요할까? 어림잡아 몇 만 명, 적어도 만 명은 넘을 것이다. 그런데 만 명이나 되는 원어민 교사를 채용하는 것이 가능할까?

모든 것을 떠나 최상의 조건을 충족시키지 못하는 가장 큰 이유는 우리나라의 교육시스템 내부에 그 요인이 있다. 현재 각 학교마다 있는 영어 교사들은 어떻게 해야 할까? 이는 역범주착오를 일으키고 있는 원어민 교사를 통한 교육이 최상의 조건으로써 결코 실현될 수 없는 절대적인 이유다.

그러면 조건을 바꾸어 보자. 원어민 교사 수를 줄이기 위해 주 5일을 주 1일 정도로 바꾼다. 시뮬레이션대로라면 매일 함께 공부해도 매몰비용효과가 발생하는데, 주 1일은 접촉효과 제로라고 봐야 한다. 이

거야말로 완벽한 역범주착오로, 자신뿐만 아니라 모두를 속여서 그 착시현상에 잠시 동안 위로받고자 하는 것과 다를 바 없다.

원어민 교사와 평화봉사단

1960~1970년대 우리나라에는 평화봉사단이라고 해서 중·고등학교에 미국인 선생님이 실제로 있었다. 그들은 일주일에 한 시간씩 수업을 했다.

현재 주한 미국 대사인 캐슬린 스티븐스도 당시 평화봉사단원으로 한국에 왔었다. 그녀는 1975년도에 충남 예산중학교에서 영어를 가르쳤다.

나 또한 중학교 다닐 때 평화봉사단이었던 영어 선생님 이름을 기억한다. 히긴스 선생님으로, 우리는 일주일에 한 번 영어를 배웠다. 나를 포함해서 친구 모두는 히긴스 선생님의 주 1회 영어수업으로 영어 실력이 그다지 나아지진 않았다. 선생님의 가르침이 부족한 탓이 아니라 접촉효과 때문이었다.

정부의 영어교육설계자가 역범주착오를 일으킨다면 어떻게 될까. 만약 그들이 위에서 언급한 상황들을 예측하면서도 원어민 교사 교육 카드를 흔든다면 그들은 역범주착오를 이용해 엄청나게 심각한 과대광고를 하고 있는 것이다.

혹시 그들이 그러한 상황을 정확하게 모르고 원어민 교사를 통한 교육이 영어교육의 모든 것을 해결해 줄 것이라고 생각한다면, 그들은 역범주착오로 돌이킬 수 없는 실수를 저지르는 것이다. 왜냐하면 적어도 그들이 원하던 만큼의 설계 값이 나오지 않을 것이 너무나 분명하기 때문이다. 비록 교육설계를 담당했던 자들이 은퇴하거나 교육

현장을 떠난 후에야 그 사실이 밝혀져 그 누구에게도 책임을 물을 수 없게 되겠지만 말이다. 많은 비용과 시간을 낭비한 뒤에야 후회할지도 모른다.

나는 과학적 사실이 인간의 감성자체를 바꾸지는 않는다는 것을 잘 알고 있다. 과학적 사실과는 무관하게 인간은 그들의 감성과 속성을 강물이 흘러가는 대로 실려 보낸다.

수많은 사람이 만들어낸 인지착오의 강물이 이미 흘러가고 있다면 그 물줄기를 쉽게 바꾸기는 어렵다. 따라서 누군가 인간이 지닌 감성과 속성의 흐름을 이용해 인지착오 없는 방향으로 물줄기를 새롭게 만드는 것이 최선이다. '인지착오다, 역범주착오다'라고 말한다고 해서, 그것을 깨달았다고 해서 행동을 바꾸지는 않기 때문이다.

인간은 합리적인 사실을 알았다고 바로 행동을 바꾸지 않는다. 오직 그것이 필요하다는 사실을 느꼈을 때에야 행동을 바꾼다.

가장 이상적인 것은 교육설계자와 교육자들은 학부모와 학생들이 역범주착오를 일으키지 않도록 해야 할 것이며, 학부모와 학생들 또한 역범주착오를 일으키지 않도록 스스로 눈을 크게 떠야 한다. 이미 역범주착오의 큰 강물이 만들어졌다면, 벌써 유·무형의 손실을 안고 가는 셈이기 때문이다.

우리는 분명하게 깨달아야 한다. 현대의 IT 기술과 인터넷 인프라만 있으면 대한민국의 아이들은 하나도 빠짐없이 한국말을 하듯 영어를 자유롭게 할 수 있게끔 할 수 있다. 초등학교를 제외하고, 오직 6년의 중·고등학교 교육만으로도 그것은 충분하다.

또한 우리나라는 수천 명의 원어민 교사를 채용하는 비용의 수천분의 일만으로 그러한 교육 프로그램을 충분히 만들어낼 수 있으며, 과학이 그것을 가능하게 한다는 것을 잊지 말아야 한다.

Ⅲ

영어를 위한 5가지 HOW

단어는 상태를 표현하는 정지된 사진이요,
문장은 변화를 나타내는 움직이는 사진이다.

움직이는 사진은 정지된 사진의 배열에서 나온다.
마치 1초에 24프레임이 흘러가는 영화처럼……

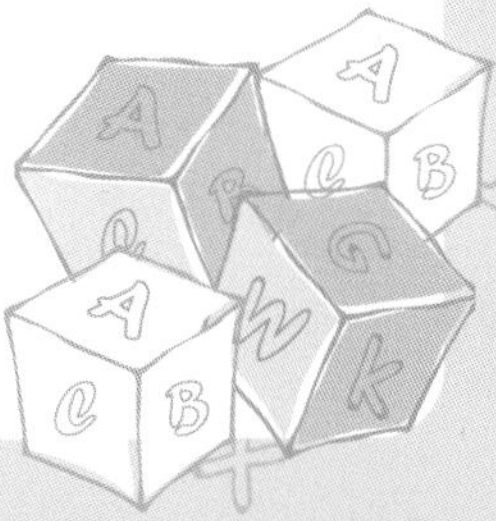

01
모국어 습득의 4단계

수영 코치의 범주착오 = 영어 선생님의 범주착오

영어를 잘 가르치는 선생님이 되고 싶다면, 또는 영어를 제대로 배우고 익혀서 활용하고 싶은 학생이라면 다음 두 가지를 반드시 기억해야 한다.

첫째, '영어는 운동학습이다'라는 사실이다. 그리고 영어 운동학습은 머리로 하는 것이 아니라 귀와 입으로 한다는 사실이다.

둘째, '모든 운동학습에는 단계가 있다'는 현실이다.

사고학습에도 학습 단계가 있다. 그러면 사고학습의 단계와 운동학습의 단계가 서로 다른 점은 무엇일까. 사고학습은 선생님과 학생이 "알아들었지요?" "네!"하며 묻고 대답하면서 다음 단계로 빠르게 넘어갈 수 있다.

하지만 운동학습의 단계는 "알았지요?"라는 말만하고서는 다음 단계로 넘어갈 수 없다. 가령 수영을 가르치는데 수영 코치가 팔을 움직이며 "이렇게 하면 버터플라이입니다. 알겠지요?"라고 하자, 학생들이 '음, 버터플라이는 저렇게 하는 거구나'라고 생각하며 큰 소리로 "네! 알겠습니다."라고 대답했다고 해 보자. 물 밖에서 코치가 몇 번을 물어도 학생들은 똑같이 대답하고, 수영 코치를 따라 버터플라이 동작을 그럭저럭 흉내도 낸다.

자신이 잘 가르쳤다고 생각한 코치는 이제 의기양양하게 학생들을 데리고 먼 바다로 나간다. 그리고 학생들을 깊은 바다에 들어가게 하고는 "자! 멋진 버터플라이 동작으로 여기까지 헤엄쳐 오세요!"라고 지시한다면 학생들은 어떻게 될까? 버터플라이는 고사하고 모두 물에 빠지고 말 것이다.

말 배우기는 운동 훈련이다. 모국어를 배우는 것도 운동 훈련이고, 외국어로서 영어를 공부하는 것 또한 운동 훈련이다. 따라서 말 배우기는 운동 한 가지를 새롭게 배우는 것이라고 할 수 있다.

영어를 가르치는 영어 선생님은 학생들에게 운동을 가르친다. 영어 선생님이 결국 체육 훈련 선생님인 것이다. '몸(體)을 기른다(育)'라는 의미의 '체육'은 여기에 적확하다.

만약 이를 부정하고 싶은 마음이 든다면, 당신은 실력 있는 영어 선생님처럼 보일 수는 있어도 훌륭한 영어 선생님이 되기는 어렵다.

훌륭한 운동 코치와 감독이 선수에게 절묘한 동작을 몸으로 꼭 보여줘야 하는 것은 아니다. 히딩크 감독이 박지성 선수처럼 잘 뛰어야 할까? 물론 그러지 않아도 된다. 훌륭한 코치는 운동의 모든 단계를 잘 이해하고 있다. 그리고 그 단계에 맞게 선수들을 잘 훈련시킨다. 배우는 사람 역시 학습이라는 운동의 모든 단계를 잘 이해할 필요가 있다. 혼자서 연습하는 시간이 많기 때문이다.

모국어 운동 습득의 단계 - 4단계

1단계 : 유아 단계 : 0~3세 → 소리단어 익힘

단어를 습득하는 단계로, 주로 이미지를 개념으로 범주화하기 쉬운 보통명사를 학습하고 기억한다. 먼저 소리를 들으며 이미지를 보고, 이미지를 범주화시켜 개념을 만든다. 그 다음 그것을 소리와 연결시켜 단어로 기억시킨다. 가장 쉬운 보통명사형 단어를 100~200개 정도 습득한다.

1단계는 이미지 소그룹들을 모아서 이차적으로 범주화하는 서술형 개념도 만들어낸다. 움직이는 이미지와 꾸미는 이미지가 여기에 해당되며, 동사형 개념과 형용사형 개념으로 범주화된다. 동사와 형용사형 개념은 명사형 개념보다 습득하는 정도가 적다. 동사형 개념은 50~100개, 형용사형 개념은 50~100개 정도 습득한다. 따라서 이 단계는 최소 200단어에서 최대 400단어 정도를 습득한다.

또 단어를 배열하여 문장을 만드는 규칙을 범주화하는 단계이기도 하다. '밥', '나', '줘', '엄마', '배고프다'를 '나 배고프다, 엄마 밥 줘'로 배열하는 규칙을 터득한다. 아직은 부족하지만 완전한 규칙을 뇌 운동 속에 근육(신경뉴런의 축색과 시냅스)화하는 단계다.

2단계 : 유치원 단계 : 4~6세 → 소리문장 익힘

단어를 계속 습득한다. 조금 더 복잡한 이미지들의 조합과 개념들을 지속적으로 습득해가지만 아직 글은 모르는 단계다. 엄마와 선생님들이 읽어주는 책을 통해 다양한 단어들을 이미지와 개념 그룹에 소리와 함께 연결해 간다. 주변사람들이 사용하는 대화와 그 소리의 단어는 수적으로 그리 많지 않다. 이미 소리를 정확하게 들을 수 있는 운동이 되었기 때문에 책을 읽어주면 아이 나름대로의 이미지와 개념이 소리단어로 저장된다.

이 단계에서 부모가 소리 내어 책을 많이 읽어 준 아이와 그렇지 않은 아이가 구사하는 단어의 수에 차이가 생기기 시작한다. 환경에 따라 책을 읽어주는 양이 모두 다르므로, 책을 읽어주지 않은 경우를 기준으로 정해 보자.

이 기준을 따르면, 이 단계에서 명사형 단어 500개 정도, 동사형 300개 정도, 형용사형 단어는 300개 정도를 습득하게 된다. 초등학교에 입학하기 전에 아이들은 모국어의 단어를 1,000~1,300개 정도를 알고 있는 것이다.

또한 이 단계는 단어를 배열하여 문장을 만드는 규칙을 완전히 체득하는 단계다. 따라서 복잡한 복문이 아닌 단문에 대해서는 완전한 운동 근육이 형성된다.

복잡한 문장인 복문은 뇌 속에서 범주화시키고 있는 단계다. 즉, 자신이 알고 있는 단어로 문장이 구성되었을 때, 단문인 경우 어떤 말이라도 쉽게 이해한다. 그러나 두 개 이상의 절로 이루어진 말을 들을 때는 뇌의 전구에 불이 켜졌다 꺼졌다 하면서 완전히 이해하기 어렵게 된다. 아직 근육(뇌 속의 신경뉴런의 시냅스)이 만들어지고 있는 과정에 있기 때문이다.

3단계 : 초등학교 저학년 단계 : 7~9세
→ 글자단어 익힘, 글자-소리 관계 파악(파닉스)

단어를 계속 습득한다. 학교 교육을 통해 다양한 단어를 습득하기 시작하는 단계다.

'학교 공부가 곧 말 배우기다'라는 학교 공부가 시작되는 시기로 수학, 과학, 사회 등의 과목에서 체계적인 이미지와 승화된 개념들을 배우기 시작한다. 그것이 곧 단어고 말이고 공부다.

단어를 배열하는 규칙은 이미 뇌 속에 근육으로 만들어졌다. 이제부터 정말로 필요한 것은 아주 다양한 이미지와 이미지의 승화된 개념과 소리인 단어다. **언어에 있어서 우리가 평생 끊임없이 지속적으로 습득하는 것은 새로운 문장이 아니라 새로운 단어다.**

또 이 단계에서는 글자를 배우기 시작한다. 자신이 내고 듣는 소리와 쓰는 글자의 음소 및 음가의 관계와 규칙을 깨닫는다. 파닉스 과정은 이 단계에서 필요하다.

이 단계를 위해 개발된 영어 학습 프로그램이 곧 파닉스 프로그램이다. 글자와 소리와의 관계를 파악하는 이 단계의 학습은 '사고적 운동학습'에 속한다. 골프처럼 생각하고 운동하는 '사고적 운동학습'이라는 말이다.

소리와 글자의 관계를 이해하기 위해 생각하고, 생각한 규칙에 따라 소리를 내는 연습은 운동과정에 해당된다. 따라서 사고를 운동으로 바꾸는 부단한 연습이 필요하다.

사고를 운동으로 숙달시키는 이 훈련은 일 년 정도 소요된다. 훈련을 통해 글자를 소리로 바꾸고, 그 소리를 다시 이미지와 개념으로 연결시키는 '글자-소리-이미지-개념'의 네트워크 연결 훈련도 같이 병행하게 된다. 이 단계를 지나면 혼자서 글자를 정확한 소리로 만들어 낼 수 있다.

'혼자서 글자를 정확한 소리로 생성할 수 있다'는 이 말은 너무나 중요하다. 지금까지는 다른 사람의 소리를 듣고, 그것을 기억했다가 소리를 주고받는 대화에서 사용했다. 따라서 다른 사람의 소리가 없으면 기억되는 새로운 단어도 없게 된다.

그러나 이때부터는 스스로 소리를 정확하게 생성하여 그 소리를 자신의 뇌에 기억시킬 수 있게 된다. 다른 사람에게서 한 번도 들어보지 않았던 새로운 단어의 소리도 글자를 보고 자신의 목소리로 자신의 뇌에 기억시킬 수 있고, 누가 그 단어 소리를 내면 뇌가 반응하여 금세 알아듣는다.

학교교육을 받은 사람이 학교교육을 받지 않은 사람보다 구사하는 단어의 수가 많고, 학교교육을 받은 사람 중에서도 책을 많이 읽은 사람이 책을 적게 읽은 사람보다 구사하는 단어의 수가 훨씬 많게되는 이유가 여기에 있다. 이렇듯 무엇보다 중요한 글자와 소리의 네트워크 동체는 3단계에서 생성된다.

4단계 : 초등학교 고학년 단계 : 10~12세

→ 글자문장 익힘, 글자문장 해독 훈련, 소리-글자 네트워크 완성훈련

단어를 계속 습득한다. 학교 공부를 통해 지속적으로 단어의 영역과 깊이와 개수를 더해 간다. 스스로 책을 통하여 단어의 글자를 소리로 만들고 이미지와 개념을 연결시켜 나름대로 단어를 축적해 가는 단계다.

이 단계를 마친 학생들이 별도의 책을 읽지 않고, 학교교육만을 받았을 때 일반적인 단어 보유수는 2,000개~3,000개 정도 된다.

글을 읽는 것이 말하는 것과 같은 운동으로 자리를 잡아가는 시기로 이 단계를 부지런히 연습해야 사고적 운동학습이 운동적 운동학습으로 완전히 전환된다. 따라서 다양한 책을 소리 내어 읽는 운동을 해야 한다.

모든 글 읽기는 소리를 암묵적으로 동반하여 이미지-개념 네트워크에 동체화된다. 그래서 글을 본다고 말하지 않고, 글을 읽는다고 말하는 것이다.

이 단계에서는 글자를 운동 반응처럼 빠르게 소리로 생성해낼 수 있으며, 반대로 소리를 글자로 정확하게 기록할 수 있는 능력을 소유하게 된다. 인쇄된 책 속의 무수한 단어들의 정확한 소리를 엄마가 읽어주지 않아도 스스로 그 소리를 만들어서 뇌 속에 기억시킬 수 있게 되는 것이다.

글자를 기억하면 그것이 곧 소리가 된다. 기억된 단어의 글자와 소리가 일치하는 것이다. 이 단계에서 단어 네트워크에 글자-소리-이미지-개념의 동체효과가 완성된다.

또한 이 시기에 문자를 해독하는 능력과 방법, 습관이 나름대로 형성된다. 일생동안 책을 통해 정보를 획득하는 모든 습관이 이때 형성된다고 해도 과언이 아니다.

모든 학습의 중심이 듣고 배우던 상태에서 읽고 습득하는 상태로 전환되는 중요한 단계이므로, 이 단계를 잘 훈련해야 스스로 문자를 통한 정보와 지식을 획득하는 능력을 소유하게 된다.

아래의 그림은 아이가 자라면서 습득하는 단어의 수를 나타낸 것이다. 태어나서 대학을 졸업하기까지 시기별로 구분하여 소리와 글자로 습득하는 단어의 수를 그래프로 나타냈다.

3~4단계를 잘 훈련한 사람은 책이나 신문, 기타 활자매체를 통하여 새로운 단어를 만나고, 이것을 자신의 단어 네트워크 동체에 추가하면서 단어 수를 지속적으로 늘려나간다. 이렇게 글자를 통해 습득되는 단어의 수는 중학교를 넘어가면서 소리를 통해 알게 되어 늘려가는 단어의 수보다 급속하게 많아진다.

모국어의 경우 이 단계에 진입하기 전단계까지 습득하는 단어의 수는 약 1,000개가 된다. 이는 초등학교 취학 전 아동이 알고 있는 단어 수로 충분히 다른 사람들과 의사소통이 가능한 수준이다.

모국어의 소리와 글자로 습득하는 단어의 수

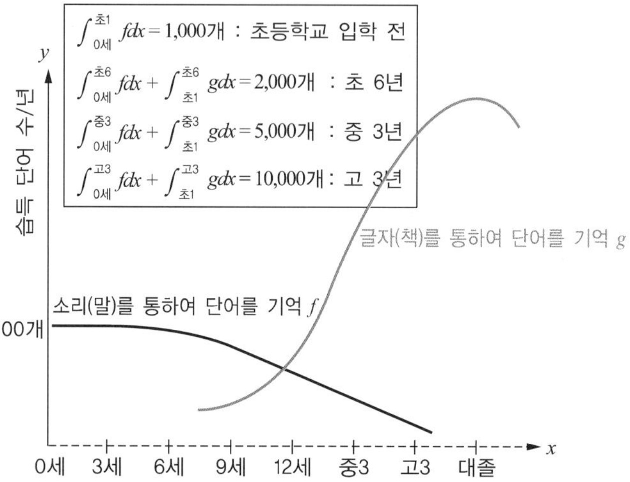

모국어를 습득하는 과정은 이처럼 네 단계의 과정을 거치며 진행된다. 이것은 인간이 인위적으로 만들어 놓은 과정이 아니다. 생물학적으로 또 문화적으로 수천 년 동안 자연스럽게 만들어져 내려온 과정이고 단계다.

외국어로서 영어를 학습할 때, 모국어 습득의 네 단계를 비빔밥처럼 한꺼번에 교육시키는 것이 가능할까? 그것이 과연 효과적일까? 그렇다면 언어 습득 과정 네 단계를 어떻게 배합하는 것이 효과적일까? 이에 대한 것은 앞으로 체계적으로 연구되어야 할 주제다.

그럼에도 불구하고 재미있는 것은 우리나라에서는 3, 4단계를 영어를 처음 배우는 아이들한테 적용하고 있다는 사실이다. 이는 주는 쪽과 받는 쪽 모두 역범주착오의 극치를 보여주는 재미있는 현상이라 할 수 있겠다. 그러나 그것이 얼마만큼 교육효과가 있는지 누구도 추적해서 연구하지 않는다.

02
모국어를 배울 때
(한국인이 한국어를 배울 때)

단어, 문장, 읽기, 쓰기
네 가지 중 가장 시간이 오래 걸리고 어려운 것은?

이 단순하고 간단한 질문을 한 번이라도 생각해 본 사람이 몇이나 될까? 외국어로서 영어를 배울 때 무엇이 가장 중요한가, 그리고 무엇이 가장 어려운가에 대해서는 많은 사람들이 의문을 갖고 나름대로 결론을 도출해서 책으로 펴낸다. 서점에는 그런 류의 영어공부에 관한 책들이 넘쳐나고 있다.

하지만 모국어에 관한 이런 단순한 질문에는 대부분의 사람들은 관심이 없다. 그런 바보 같은 질문이 어디 있느냐며 오히려 무시당하지 않으면 다행이다. 그래서인지 이 질문의 답을 아는 사람은 그리 많지 않다.

위의 질문에 대한 답은 '단어'다. 혹자는 '영어라면 단어일 수도 있지만 한국인이 한국어를 배우는 데 무슨 단어가 중요하다는 거지? 글쓰기가 중요한 거 아닌가?'라며 동의하지 않을 수도 있다.

그러나 이 글을 모두 읽다보면 이유를 곧 알게 될 것이다. 아무것도 아닌 것처럼 보이는 현상 속에 깊은 원리가 숨어 있듯 근본적인 물음 속에는 많은 사람들이 간과하고 있는 해답이 숨어 있다.

인간의 지적 능력이 다른 동물에 비해 뛰어나다는 것은 **'이미지를 내면에서 범주화하여 개념으로 승화시키는 능력'**이 뛰어나다는 것이다. 무수하게 감각되는 이미지들을 잘 분류하여 개념으로 승화시킨 후 개념화된 소리를 붙인 것을 '단어'라 한다. 그것은 곧 '언어'가 된다.

사람들 사이에는 지적 능력의 차이가 존재한다. 그 차이는 이미지의 범주화 능력의 차이다. 사람들 개개인은 이미지를 범주화하여 개념으로 승화시켰더라도 아직 소리를 붙이지 않은 상태의 이미지와 개념을 가지고 있을 수 있다.

사람들이 가지고 있는 이미지는 모두 다르다. 그중 언어로 승화된 이미지만 공통의 영역 안에서 말과 글로 오고 간다. 그러므로 아직 소리단어가 정해지지 않은 자기만의 주관적인 이미지와 개념들은 개인의 고유한 이미지와 개념들로 존재하게 된다.

결국 이것이 개인의 지적 능력을 결정하는 보이지 않는 요소라 할 수 있다. 겉으로 드러나는 언어는 표면적인 능력에 불과하다. 언어의 이면에는 수많은 이미지와 그 이미지의 범주화된 개념이 아직 언어화되지 않은 채 존재하고 있기 때문이다.

예컨대 사람 보는 눈이 뛰어난 사람들이 있다. 그들은 대체로 사람을 많이 거느리는 분야의 우두머리들이다. 성공한 정치가나 성공한 기업가가 주로 이에 해당된다.

그들은 사람에 대한 무수한 이미지와 그 이미지들을 자기 나름대로 구분하여 자기만의 개념으로 연결해 놓는다. 즉, 이미지를 범주화하여 개념으로 승화시켜 놓는 것이다. 다만 거기에 소리를 붙이지 않았을 뿐이다. 그 이미지그룹과 개념이 항상 사실과 잘 맞아떨어질 때 사람 보는 눈이 뛰어나다는 소리를 듣게 된다.

그러면 그들이 내면의 이미지와 개념에 소리를 붙여 단어를 만들면 어떨까. 그래서 그들의 지적 능력을 다른 사람에게도 전파해서 모든 사람이 공유하게 하면 어떨까. 참으로 좋은 생각이다.

그러나 그것은 불가능하다. 소리를 붙여 개인적으로 구분해서 사용할 수는 있지만 다른 사람에게 전달하는 것은 불가능하다. 왜냐하면 그들 내면의 이미지를 밖으로 꺼내어 다른 사람들에게 똑같이 보여줄 수 없기 때문이다.

만약 개인의 고유한 이미지와 개념을 다른 사람에게 똑같이 보여줄 수 있다면 그것은 단어로 승화된다. 단어는 모두가 함께 느끼고 볼 수 있는 공통의 이미지와 개념만으로 이루어졌다.

모국어 습득 4단계에서 끊임없이 반복되어 나온 말은 무엇이었을까. '단어를 습득한다'이다. 다른 사람이 만들어 놓은 단어를 습득해야 의사소통이 가능하다. 새로운 단어를 만들어 내는 것도 아니고 이미 만들어져 있는 단어를 배우는 것인데 뭐가 어렵냐는 생각이 들 수도 있다. 그런데 이것은 생각만큼 단순하지도 쉽지도 않다.

일상생활에 필요한 단어는 실제로 초등학교 입학 전, 글자를 배우기 전에 소리로 습득한 약 1,000개의 단어가 전부라 해도 과언이 아니다. 흔히 영어단어 1,000개로 영어를 쉽게 배울 수 있다고 강조하는 사람들이 주장하는 기본 단어 수와 같다.

그것이 일상생활의 기본 단어가 되는 이유는 간단하다. 소리로 가장 많이 돌아다니는 단어가 일상생활의 단어일 테고, 또한 일상생활

속에서 접하게 되는 소리를 습득하기 때문이다. 언어를 문자화시키지 않고 말로만 사용할 때에는 일상생활에서 그 정도면 충분하다는 논리다. 틀린 주장은 아니다.

그러나 언어사용에 있어서 이는 가장 낮은 수준에 해당된다. 1,000개 정도의 단어로 단지 기본적인 의사소통만 하기를 바라는 사람이 어디 있겠는가. 그래서 우리는 문자를 통한 보다 높은 지적 세계를 향해 나아간다. 그것이 바로 학교교육이다.

잘 가르치는 선생님과 잘 배우는 학생

학교교육에서의 공부는 다른 사람들이 만들어 놓은 개념과 이미지를 자신의 것으로 만들어가는 과정이다. 즉 새로운 단어를 배우고 그것을 활용하는 능력을 기르는 것이다. 그렇게 습득한 단어로 타인과 보다 높은 수준의 의사소통을 하는 것이다.

예를 하나 들어보자. 중학교 1학년 수학에 '함수'라는 단어가 나온다. 이 단어를 처음 보는 학생이 글자로 함수를 읽고 함수라고 소리도 내지만, 함수의 이미지와 개념은 아직 모른다.

따라서 수학 선생님은 학생들에게 함수에 대해서 열심히 설명하고 가르친다. 그 내용을 가만히 살펴보면, 수학 선생님은 함수라는 단어의 다양한 이미지를 말로써 학생들에게 설명하고 있다. 또 함수의 개념을 설명하기 위해서 함수에 관련된 이미지를 보여준다. 말 또는 칠판에 그림을 그려가며 함수의 개념적 이미지를 그려 보이는 것이다. 이러한 그림을 잘 그리면 학생들을 잘 가르치는 선생님이 된다.

하지만 수학 선생님이 할 수 있는 한계는 여기까지다. 그 다음은 학생들의 몫이 된다. 학생들은 선생님이 한 말과 칠판 위에 그려진 함수의

단어 습득의 실패

소 리	이미지	개 념	글 자
함 수			함 수

이미지를 받아 뇌 속에 각자 자기만의 방식으로 그것을 다시 그린다. 즉, 자신의 능력으로 함수의 개념을 찾아 뇌 속에 그려야 한다. 이를 제대로 못하면 선생님이 그려준 이미지도 사라지고 개념도 잡지 못한 채, 오직 '함수'라는 소리와 글자만이 뇌 속에 남게 된다. 따라서 단어 네트워크에서 이미지와 개념이 텅 비게 되고 새로운 단어를 습득하는 데 실패한다.

공부를 잘 하는 학생들은 새롭게 배우는 단어들의 이미지와 개념을 잘 습득한다. 남들이 어렵게 만들어놓은 단어들의 이미지와 개념을 자기 뇌 속에 잘 그려 넣고, 개념으로 명확하게 범주화시킨다. 이 같은 단어 습득과정은 중학교, 고등학교, 대학교, 그 이후에도 평생 계속 이어진다.

단어 습득에 성공하게 되면 그 단어를 활용할 수 있고 실패하면 활용할 수 없다. 다른 사람들이 새로운 단어들로 아무리 즐겁게 대화를 주고받아도 자신은 그 대화를 이해할 수 없게 된다. 한국인이 한국어를 이해할 수 없는 상황이 벌어진다는 말이다.

그러므로 한국인이 한국말을 배울 때 가장 중요하고, 가장 어려우며, 또 시간이 가장 오래 걸리는 것은 단어의 습득이다. 단어 습득에서 이미지를 범주화하여 개념으로 승화시키는 일이 단숨에 이루어지는 것이 아니기 때문이다. 이미지를 범주화하는 지적 능력이 따라주어야 하고, 단어 하나에조차 많은 이미지가 결합되어 있을 수 있고,

그것을 개념화하는 데 필요한 시간이 있기 때문이다.

그렇기에 태어나서 취학 전까지 습득하는 단어는 1년에 고작 100개 정도에 불과하다. 7~8세까지 한국인이 한국어 단어를 습득하는 것이 약 1,000개 정도라는 말이다. 7세 아이가 글도 알고 총명하다고 해서 '함수'라는 단어를 얘기하면 과연 알아들을까? 그 아이의 뇌 속 단어 네트워크 동체에 '함수'라는 단어의 잘 그려진 이미지와 명확한 개념이 들어있을까? 그렇지 않다는 것을 우리는 안다.

따라서 외국어로서 영어를 가르칠 때, 학생이 보유하고 있는 한국어(모국어) 단어보다 많은 영어단어는 가르칠 수 없다. 1,000개의 한국어 단어를 알고 있는 아이에게 2,000개의 영어단어를 가르칠 수 없다는 말이다. 그것은 위와 같은 이유 때문에 과학적으로 불가능하다.

'함수'라는 단어의 이미지와 개념이 텅 비어 있는 학생에게 영어의 소리와 글자를 추가한다면 아래의 그림처럼 될 뿐이다.

의미 없는 영어단어 암기

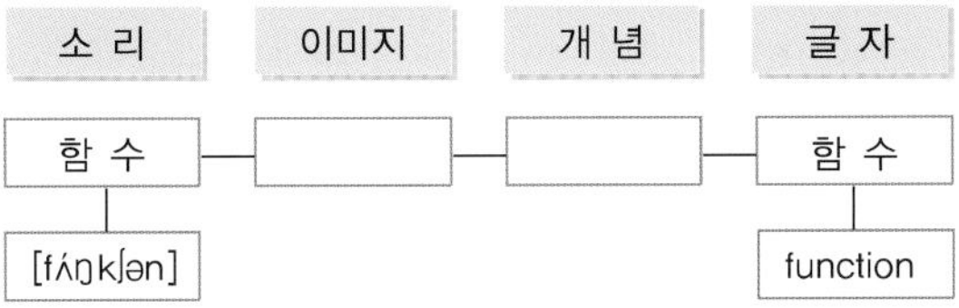

03
외국어로서 영어를 습득하는 단계

외국어로서 영어를 학습하는 사람은 모국어 습득 4단계가 어떤 형태로든 변형·압축되어 뇌 속에 존재하게 하는 것이 가장 이상적이다. 변형과 압축이란 시간의 절약을 위한 시간 압축과 학습방법의 변형을 말한다. 다시 말하면, 모국어를 배우는 데 10년 걸린 것을 외국어를 배울 때 1년으로 단축시키거나 1~2년 걸린 것을 1~2개월로 줄이는 것이다.

'과연 그것이 가능할까?' 하는 의구심을 당신은 가질 수도 있다. 자동차를 본 적이 없고, 자동차에 대해서 모르는 사람을 예로 들어보자.

그는 편리한 교통수단이 있는 줄 모르기 때문에 모든 곳을 걸어 다닌다. 그런데 하루에 40킬로미터를 걸어서 1년 동안 가야 하는 곳이 있다. 그는 다른 사람들과 왕래하기 위해 1년을 걸어서 그곳에 간다. 자동차를 이용해 80킬로미터의 속도로 간다면 일주일이면 그곳에 도착한다. 만약 그에게 자동차로 일주일이면 갈 수 있다고 말하면 그가 믿을까? 아마 농담으로 받아들일 것이다. 믿지 않는 것이 당연하다. 그러나 그를 자동차에 태워 일주일 동안 달려서 목적지에 도착하면 그때는 그도 믿게 된다. 자동차는 기술이고 과학일 뿐, 마법은 아니다. 우리는 모두 이 사실을 알고 있다.

지금 내가 10년 걸린 것을 1년으로, 1~2년 걸린 것을 1~2개월로 줄인다고 하면 당신이 믿지 않을 수도 있다고 생각한다. 맨몸으로 즉, 기존의 것들로는 절대로 불가능하다. 걸어서는 아무리 잘 뛰는 사람이라도 14,600킬로미터를 일주일에 갈 수는 없다.

그러나 자동차의 기술과 과학이 이를 가능하게 했듯이 언어에서도 과학이 모국어 습득 4단계의 변형·압축을 가능하게 한다. 이 책에서 분석한 언어 네트워크 동체 모델, 소리를 붙들고 편집하고 조합해 들고 다닐 수 있는 녹음기기와 녹음기술, IT 기술과 인프라가 이를 가능하게 한다. 이 세 가지의 조합이 곧 과학과 기술이다. 그리고 이것을 이용한 창의적인 발상이 10년을 1년으로 줄일 수 있다.

외국어로서 영어를 습득하는 단계는 모국어의 습득 4단계와 똑같다. 다만 소요 기간과 방법이 변형·압축될 뿐이다. 그러나 언어 습득 과정은 반드시 4단계를 거쳐야 한다.

이 단계들은 누가 인위적으로 만든 것이 아니다. 오랫동안 생물학적·문화적으로 언어를 습득해 온 인간의 뇌가 진화해 온 방법적 과정이다. 우리는 다만 이 단계들을 단축, 병행 또는 기타의 조합을 생각할 뿐이지 그중 하나라도 제외시킬 수는 없다.

영어 습득 4단계를 정리해 보면 다음과 같다.

'1단계: 영어 소리단어 익힘, 2단계: 영어 소리문장 익힘, 3단계: 영어 글자단어 익힘(파닉스), 4단계: 영어 글자문장 익힘과 숙련'이다.

여기에서 2단계와 3단계는 순서를 바꾸어도 가능하다. 2단계와 3단계는 수개월이면 완성되는 반면, 1단계와 4단계는 일생동안 계속되는 학습이다. 그러면 이 4단계를 그림으로 도식화해 보자.

영어 습득의 4단계

영어를 습득하는 4단계

A 코스	B 코스
1단계 : 영어 소리단어 익힘	1단계 : 영어 소리단어 익힘
2단계 : 영어 소리문장 익힘	2단계 : 영어 글자단어 익힘(파닉스)
3단계 : 영어 글자단어 익힘(파닉스)	3단계 : 영어 소리문장 익힘
4단계 : 영어 글자문장 익힘 & 숙련	4단계 : 영어 글자문장 익힘 & 숙련

언어능력의 합리적 수준 분류

외국어로서 영어를 구사하는 수준을 어떻게 나누는 것이 현명할까? 토익이나 토플 점수 700점, 800점, 900점 등 공인 영어테스트 결과를 기준으로 나누는 것이 옳을까?

과학의 기본 단위는 시간, 공간, 물질을 기호화한 초(s), 미터(m), 킬로그램(kg)이다. 존재하는 현상을 얼마나 간결하게 과학화했는지, 이것을 생각할 때마다 나는 과학자들에게 놀라움과 찬탄을 금치 못한다. 과학자들은 시간, 공간, 물질을 기호화함으로써 자연을 왜곡하지 않고 있는 그대로 묘사한 것이다.

그렇다면 언어능력의 수준은 무엇으로 가늠해야 할까? 문장, 문법, 단어, 듣기, 쓰기 중에서 어떤 것을 기준으로 삼아야 할까?

그것은 산, 강, 바다, 나무, 숲, 바위, 금, 은, 구리, 흙 등 온갖 삼라만상을 어떻게 범주화할 것인가 하는 문제와 동일하다. 결국은 이미지의 범주화 문제인 것이다. 그것이 인간의 지적 능력을 보여주는 척도다.

나는 자연세계 전체를 시간, 공간, 물질로 범주화한 과학자들에게 놀라움을 금치 못하지만 외국어로서의 영어 능력을 토플 700점, 800점 등으로 구분한 언어학자들에게도 놀라움을 금치 못한다. 그러나 내가 과학자들과 언어학자들에게 느끼는 놀라움은 정반대의 의미다.

현학적인 목적이 아니라면, 눈에 가장 가까이 보이고 느낄 수 있는, 감각할 수 있는 것을 기준으로 삼아야 과학적이다. 따라서 모국어의 언어능력 수준을 5단계로 나누기로 하겠다. 그리고 이것을 척도로 해서 외국어에 적용시켜 외국어 능력의 기준으로 사용하기로 한다.

(1) 취학 전 아동 수준(V1)

글자를 아직 습득하지 않은 상태로 모든 단어를 소리로만 습득한다. 약 1,000개의 생활단어 구사가 가능해 기본적인 의사소통이 되는 수준이다. 문자가 아닌 말로는 어떤 교육도 가능하다.

(2) 초등학교 아동 수준(V2)

글자를 알고 사용하는 수준으로 사용하는 단어 수준이 2,000~3,000개 정도다. 그러나 신문을 원활하게 읽거나 뉴스를 듣고 완전히 이해하기에는 부족한 수준이다.

(3) 중학교 학생 수준(V3)

학교 및 일상생활에서 사용하는 단어가 5,000개 정도다. 일상생활에 어려움은 없지만 수준 높은 언어를 구사하거나 이해하기에는 무리가 따른다.

(4) 고등학교 학생 수준(V4)

학교 및 일상생활에서 사용하는 단어가 10,000개 정도에 달한다.

신문과 뉴스를 원활하게 읽고 이해하는 수준으로, 사회인으로 생활하는 데 불편함이 없는 언어능력을 갖고 있다.

(5) 고등학교 학력 이상의 언어능력 수준(V5)

이상으로 모국어의 언어능력 수준을 5단계로 나누어보았다. 이 다섯 단계의 언어능력 수준은 각 단계마다 다시 3개의 수준으로 세분할 수 있다.

외국어로서 영어교육이 정상적으로 이루어진다면, 영어능력은 5단계 중 어느 곳에든 위치해야 한다. 그런데 제각각 듣기는 V1 수준에 못 미치고, 말하기는 V1 수준, 읽기는 V3 수준, 쓰기는 V2 수준이라고 한다면 무엇을 의미일까? 그것은 영어교육이 비정상적으로 이루어졌음을 단적으로 보여주는 것이다.

이렇게 되면 당연히 교육의 총체적 시스템을 수정해서 듣기, 말하기, 읽기, 쓰기가 고르게 위의 5단계 중 한 곳으로 평가되어야 마땅하다. 그런데 우리나라 사람들은 그렇게 처방하지 않는다. 듣기가 제대로 안 되니 듣기 공부를 좀 보강하고, 말하기는 조금만 더 노력하면 되고, 읽는 것은 어느 정도 되었고…….

결국 이런 식이다. 듣기, 읽기, 이해하기, 쓰기, 문법, 단어 등 영어에 대한 모든 것을 개별적으로 배우고 익히는 것으로 생각하고 가르치기 때문이다.

그런데 이것들은 모두 따로따로가 아니다. 바다의 수위가 올라가면 배 전체가 위로 올라가고, 옷깃을 잡고 위로 끌어당기면 옷 전체가 위로 쭉 당겨지듯이 영어를 공부하면 영어 능력 전체가 V1, V2, V3, V4 V5, 중 한 곳으로 높이가 결정된다. 학교 및 기타 영어 교육기관은 영어를 이런 식으로 교육하고 또 학생들도 이러한 방식으로 배워야 한다.

전 세계에 있는 모든 국가의 교육 시스템은 7세, 12세, 15세, 18세 정도로 인간의 신체적, 정신적 성장의 나이에 맞추어 교육 내용과 제도가 갖춰져 있다.

문명화된 사회의 모든 교육은 언어를 통해 이루어진다. 이 책에서 주장하는 대로라면, 모든 교육은 한마디로 단어 교육이며, 모든 공부는 말 배우기다.

그러므로 중학생이 구사하는 단어와 고등학생이 구사하는 단어의 수준이 달라진다. 교육의 척도가 단어로 표현된다. 따라서 언어능력을 V1, V2, V3, V4, V5로 크게 다섯 가지 수준으로 구분한 것은 합리적이며, 이는 모든 국가의 언어체계에서도 공히 적용되는 타당성을 갖는다.

미국인이 한국어를 배울 때, 우리는 그가 어느 정도 수준인지 물어볼 수 있다. 만약 그가 'V2 수준'이라고 대답하면 우리나라 초등학생의 한국어 수준을 생각하면 된다. 'V1 수준'은 말은 하지만 아직 글자는 모르는 상태로 이해할 수 있다.

이와 같이 이 글을 읽고 있는 분들도 자신의 영어 능력을 스스로 평가해 자신의 수준을 파악해 볼 수 있다. 만약 당신이 한국에서 영어를 배운 사람이라면, 장담하건데 각 분야별로 제각각 수준이 나뉠 것이다. 듣기는 여기, 말하기는 저기, 읽기는 또 저기, 쓰기는 또 다른 곳으로.

이렇듯 언어능력의 구분이 필요한 이유는, 이 책에서 제시하는 방법으로 영어를 학습할 때, 각 단계까지 도달하는 데 필요한 시간을 제시할 수 있어야 하기 때문이다. 어떤 단계까지 도달하는 데 얼마만큼의 시간이 필요한지 명확해야 그만큼 효율적으로 공부할 수 있다. 즉, 과학의 재현성을 확보하기 위해서인 것이다.

재현성이란 조건이 동일하게 주어지면 언제나 똑같은 결과가 일어나는(재현되는) 현상을 말한다. '이와 같은 방법으로 이렇게 하면 언제나 이런 현상이 발생한다'는 것이 과학의 재현성이다. 어떤 때는 되고, 또 어떤 때는 안 되는 것은 재현성이 없다고 한다. 이처럼 재현성이 없는 것은 과학이라고 하지 않는다.

요즈음 우리 사회에서는 가끔 논문의 재현성 시비가 일어난다. 잘 알려진 과학논문집에 발표한 어떤 논문이 재현성이 없다며 몇 년 뒤에 과학논문집에서 삭제하겠다는 발표가 나기도 한다. 제대로 실험하고 그 실험에서 나온 결과대로 거짓 없이 논문을 써서 발표한다면 그러한 일은 거의 생기지 않는다. 실험에서는 재현성이 있게 마련이다.

지금까지 외국어를 습득하는 과정과 외국어를 습득한 결과를 단계별로 설명했다. 이제 그 과정에서 해야 하는 학습방법에 대한 설명만 남겨두고 있다. 이 설명에서 이런 방법을 써서 이런 결과를 얻기까지 얼마만큼의 시간이 필요하다는 것을 우리는 알 수 있을 것이다. 즉, 여기에서 과정과 방법과 결과와 소요시간이 결정되는 것이다.

예를 들어, 토플 800점을 얻으려면 어떻게 공부하고 얼마만큼의 시간이 소요되느냐고 물을 때, 모든 사람에게 똑같이 재현성 있는 과정과 방법을 내놓을 수 있을까? 언어학자들은 그 방법을 제시하지 않았다. 명쾌하게 방법을 내놓지 못한 채 영어 능력을 토플 700점, 토플 800점, 토플 900점으로 구분해 놓은 언어학자들에게 감탄한다는 말이다.

한국의 초등학생을 하루 2시간씩 총 3년 동안 영어운동 훈련을 시키면, 미국의 초등학생 수준에 도달시킬 수 있다. 초등학교 1학년 학생이 3년 뒤 초등학교 4학년이 되면 미국의 초등학교 1학년 수준의 영어를 구사할 수 있다는 말이다.

영어 습득과정-시간-성취도

영어 습득과정-시간-성취도

습득단계 B코스	단계별 소요시간	도달단계
1단계 : 영어 소리단어 익힘	1년 소요/1,000단어 습득/하루 2시간/초등학생	V1
2단계 : 영어 글자단어 익힘(파닉스)	6개월/소리-글자 체득/하루 2시간/초등학생	V2
3단계 : 영어 소리/글자문장 익힘	6개월/소리, 글자문장 체득/하루 2시간/초등학생	V2
4단계 : 영어 소리/글자문장 숙련	1년 /소리, 글자문장 숙련/하루 2시간/초등학생	V2

처음 영어운동 훈련을 시작하면 3년이라는 시간차가 생기게 된다. 왜냐하면 모국어 능력을 초과한 단어의 기억은 불가능하기 때문이다.

한국어 단어를 2,000개밖에 모르는 초등학생에게 영어단어 3,000개를 공부시킬 수는 없다. 한국어 단어를 1,000개밖에 모르는 유치원생에게 영어단어 2,000개를 가르칠 수 없다. 〈02. 모국어를 배울 때〉에서 살펴본 '의미 없는 영어단어 암기'처럼 이미지와 개념의 저장소가 텅 비게 된다. 그러므로 학생은 한국어 단어 능력에 맞추어 그 수준 또는 그보다 적은 양의 영어단어를 학습해야 한다.

그것이 가능한 것은 **소리를 통하여 단어를 빠르게 기억시키는 방법과 영어문장이 이루어지는 단어 배열 규칙을 훈련시키는 방법이** 존재하기 때문이다. 이 두 가지 방법은 이 책을 구성하고 있는 What, Why, How 중 How의 핵심 내용이다.

따라서 다음 절에 나오는 단어 기억방법과 문장 구성방법은 이 책 전체의 핵심이라 해도 과언이 아니다. 일반인들은 What, Why보다 How에 더 관심이 많고, 실제로 How로 영어를 잘 하기만 하면 되기 때문이다. 언어학적 What이나 Why는 일반인들에게 크게 중요하지 않다. 그러나 How를 제대로 이해하기 위해서는 What과 Why를 꼭 알아야 한다.

소리를 통한 단어습득방법으로는 하루 한 시간 훈련으로 월 400~500개의 단어를 완전한 소리로의 기억이 가능하다. 자신의 한국어 단어 능력만큼 월 400~500개의 영어단어 소리를 자신의 뇌 속에 활성화시킬 수 있는 것이다.

이러한 학습방법으로 앞의 〈영어 습득과정-시간-성취도〉처럼 3년이라는 시간을 투자해 영어 학습 목표에 도달할 수 있다. 즉, 모국어로 한국어를 배운 아이가 6~7년 걸려서 습득한 1,000여 개의 소리단어를 외국어인 영어의 경우에는 시간을 1년으로 압축하여 소리단어로 습득할 수 있다는 말이다.

이것이 영어 학습에만 적용되는 것은 아니다. 미국인이 중국어를 배우고 싶을 때에도 월 400~500개의 중국어 단어의 소리를 미국인의 뇌 속에 기억시킬 수 있다. 모든 외국어에 상호 적용되는 방법이지만 현재 우리나라에서 가장 중요시되고 있는 외국어가 영어이므로 영어를 대표적으로 지칭할 뿐이다.

소리를 통한 단어습득방법은 이 책에서 소개하고 있는 모든 이론의 총체적이고 실증적인 발명이라 할 수 있다. 발명은 일반적으로 무언가가 먼저 발명되고 그것을 설명하는 이론이 따르지만, 이 책에서는 총체적인 이론들을 먼저 나열한 뒤 그 이론과 모델들의 결정체로서 실증적 발명이 나온 것이다. 즉, What→Why→How의 순서로 완성되었다. '언어가 무엇인가?'에 대한 본질적인 물음으로부터 '그것이 왜 그런가?'라며 영역을 확장해 탐구하면서 '어떻게 하면 되는가?'라는 결론을 도출해 내는 방법을 따랐다. 이는 과학의 일반적인 방법이기도 하다.

04
가장 빠른 소리단어 기억방법

외국어로서 영어단어를 암기하는 것은 모국어 네트워크 동체에 영어 소리 또는 글자를 추가하여 네트워크 시키는 것이다.

영어단어 기억방법

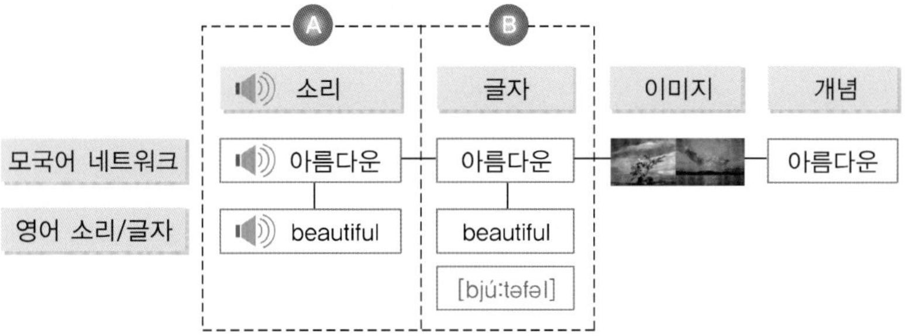

(1) 지금까지 반복되어 온 학습방법 B

종래의 인쇄된 형태의 사전 양식 : 소리를 담을 수 없던 시절
beautiful [bjú:təfəl] 아름다운, 훌륭한

이 방법은 소리를 구할 수 없던 시절의 훈련 방법이다. IT 기술과 제품들이 지금처럼 보급되지 않았던 때는 소리를 구할 수 없어서 'B'처럼 '영어글자-인쇄된 발음기호-모국어 글자'로 된 인쇄물로 단어를 공부했다. 인쇄물로 된 모든 사전이 이와 같은 형식을 갖고 있다. 이 방법은 소리를 담을 수 없던 시절에는 최선이자 최고의 방법이었지만 지금은 가장 효율이 떨어지는 학습방법이다.

무엇보다도 아무리 많은 단어를 빠르게 암기하더라도 소리로 전환되어 활성화되지 않는다는 것이 이 방법의 가장 심각한 문제다. 지금도 서점에 가면 이러한 형태로 인쇄된 수십 종의 단어장이 판매되고 있다. 학생들은 옛날 방식을 따르고 있는 이런 단어장을 구입해 열심히 영어단어를 암기한다. 따라서 그토록 많은 시간과 노력을 들여서 수많은 영어단어를 암기해도 결국 학생들은 귀머거리에 벙어리가 되고 만다.

이 방법을 사용해도 전혀 문제가 되지 않는 경우는 소리를 뇌 속에 운동으로 내면화하는 데 성공한 사람이 파닉스를 공부한 경우에 해당된다. 이들은 스스로 글자를 통하여 정확한 소리를 생성할 수 있기 때문에 문제가 되지 않는다.

소리를 뇌 속에 운동으로 내면화하는 데 성공한 대표적인 사람들은 모국어를 소리로만 듣고 문장으로 말할 수 있게 된 취학 전의 아이들을 말한다. 소리를 아직 뇌 속의 운동으로 내면화시키지 못한 사람이 간단한 파닉스 체계나 발음기호를 배운 후 이 방법을 사용하면 소리

는 온데간데없어지고 글자만 뇌 속에 고스란히 남게 된다. 일반적으로 우리나라 학생들의 경우가 여기에 해당된다.

(2) 전자사전, 인터넷이 등장한 후 변화된 사전 형태

전자사전, 인터넷이 등장한 후 영어의 소리단어를 추가한 양식

beautiful [bjú:təfəl]   발음듣기   아름다운, 훌륭한

IT 기술의 발전으로 지금은 소리와 영상을 다양한 기기에 담아서 자유롭게 가지고 다닐 수 있게 되었다. 현재 시중에서 판매되고 있는 영어사전이나 학습기는 거의 모국어의 네트워크 동체에 영어의 소리가 재생되도록 만들어져 있다. 영어의 소리와 글자를 모두 모국어 네트워크 동체에 추가한 것이다. 이 책의 이론처럼 진화해 왔다고 볼 수 있다.

이 방법이 종래의 방법보다 나아진 점은 영어단어를 소리로 기억하면 그것이 사용 가능한 단어가 된다는 것이다. 비록 뇌 속 소리밴드 폭에 점 하나밖에 찍히지 않지만 하나도 없는 것보다 백 번 낫다.

하나의 소리만 저장한 경우 - 기억의 불안정

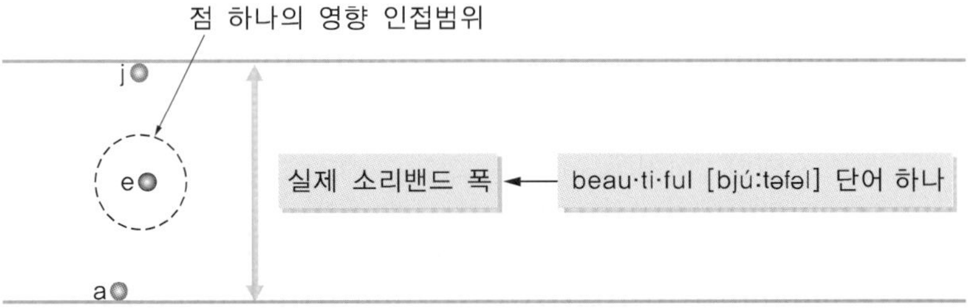

그러나 이 방법 역시 학습시간을 단축시킬 수는 없다. 6~7년 동안 습득한 모국어의 단어 '이미지-개념'을 1년 만에 영어의 소리에 연결시키지는 못한다. 종래의 인쇄된 사전에서 소요되던 시간과 같은 양의 시간이 필요하다.

(3) IT 기술을 최대로 활용한 효율이 가장 높은 학습방법 A

영어의 소리단어를 모국어의 소리단어와 연결시키는 방법이 영어 습득에 있어서 가장 효율이 높다. 영어의 소리단어를 모국어의 글자단어와 연결하는 방법도 생각할 수 있지만 '소리-소리'가 여러 측면에서 가장 좋은 방법이다. 이 방법의 가장 뛰어난 점은 가장 빠른 시간에 가장 많은 단어의 소리를 뇌 속에 운동으로 내면화시킬 수 있다는 것이다.

모국어로서 소리를 뇌 속에 내면화시키는 데는 4~6년의 긴 시간이 소요된다. 하지만 이 방법은 1년 정도의 짧은 기간 내에 외국어로서 영어의 소리를 뇌 속에 운동으로 내면화시키는 최선의 방법이다.

그러므로 이 과정을 거쳐 최소한 1,000개 이상의 소리단어를 뇌 속에 내면화시킨 뒤에 파닉스 과정을 밟아야 한다. 이것은 이 책의 결정체라 해도 과언이 아닐 만큼 외국어 학습의 중요한 열쇠가 된다. 지금까지 이 책에서 기술한 모든 이론들은 이 방법을 적용하는 집합된 결과물로 생각해도 무방하다. 그것을 간단하게 모아보면 다음과 같다.

1. 인간은 이미지를 범주화하여 개념으로 승화시킨 뒤 소리와 네트워크 시킨다. 이것이 언어다.
2. 오직 소리를 통해서만 이미지와 개념의 감정이 저장되고 활성화된다.

3. 하나의 음절을 소리 내는 데 0.1초가 최대속도 한계다.(소뇌 운동)
4. 하나의 단어를 소리 내는 데 0.3초가 평균 최대속도다.(대뇌-소뇌)
5. 단어를 듣고 말하는 것은 사고학습이 아닌 운동학습이다.
6. 단어 네트워크 동체 모델
7. 단어가 소리로 기억될 때 소리의 밴드 폭 안에서 십인십색의 소리로 저장된다.
8. 기억의 안정성을 위하여 하나의 단어에 3개 이상의 소리를 저장하는 것이 효과적이다.
9. 자극의 안정적 지속효과(자극의 변화를 느낀다. 기억으로 이어진다.)
10. IT 기술의 접목

여기서 '자극의 안정적 지속효과'는 1장의 〈03. 인간은 무엇을 느낄까?〉에서 다른 측면으로 기술하였다. 지금 여기에서의 관점에 맞게 다시 설명해 보자.

모든 생물이 외부의 자극을 느끼는 것은 '자극'을 느끼는 것이 아니라 '자극의 변화'를 느끼는 것이다. 그러므로 자극이란 곧 변화를 말한다. 변화가 사라지면 자극도 사라지고, 인간은 이제 그것에 활성화된 반응을 보이지 않는다.

가장 좋은 예가 냄새를 맡는 후각의 예다. 향기가 있는 방에 들어가면 처음에는 그 향기를 느낀다. 그러나 시간이 오래 지나면 그 향기를 거의 못 느끼게 된다. 같은 자극이 일정하게 유지되면서 자극의 변화가 없어졌기 때문이다. 향기 자체가 사라진 것이 아니다.

예를 들어 보자. 1초 이내의 짧은 시간에 발성되는 하나의 단어를 처음 들을 때는 자극으로 받아들여 기억효과를 낸다. 한두 사람의 목소리만 저장되어 있는 지금의 전자사전에서 나오는 소리단어가 그렇다.

똑같은 사람이 발성하는 짧은 소리가 3초 이상 반복되면 변화 없는 같은 자극이 계속되어 뇌는 더이상 기억을 위한 자극으로 받아들이지 않게 된다. 단지 소음처럼 느낄 뿐 기억효과가 없어진다. 그러므로 '(2) 전자사전, 인터넷이 등장한 후 변화된 사전 형태'에서는 몇 초 동안 연속적으로 들으면 기억효과는 없어지게 된다. 더이상 기억을 위한 자극으로 작용하지 않는다.

그러나 자극에 변화가 있으면 뇌는 다르게 반응한다. 목소리가 다른 사람들이 발성하는 것을 연결해 놓으면 변화에 의해 자극의 효과가 지속된다. 뇌에서 기억을 위한 자극으로 받아들이는 것이다. 이것이 자극의 안정적 지속효과다.

오직 소리로만 구성되어 있는 이것은 책이나 전자사전 같은 기기나 영상매체가 갖는 구속 조건이 없다. 즉 한 곳에 눈을 고정시켜야 하는 공간의 제한성이 없으므로, 자유롭게 활동하면서 영어의 운동 훈련을 할 수 있는 자유도가 높다.

여기서 이 방법의 특징만을 말하면 단어 하나에 15초로 구성되는 소리의 지극효과는 감정과 이미지와 개념을 모두 연상시키게 된다. 따라서 글자에서는 묻어나오지 않는 단어의 느낌을 소리로 가질 수 있다.

단어 하나를 발성하는 최대속도를 0.3초, 최저속도를 0.5초로 하면 서로 다른 원어민의 소리를 자극의 지속효과를 유지하면서 15초에

소리단어 구성방법

beautiful	아름다운	beautiful	beautiful	beautiful
사람1: 3초	한국인: 3초	사람2: 3초	사람3: 3초	사람4: 3초

하나의 단어로 처리되는 뇌 속 소리밴드 폭에 기억되는 모습

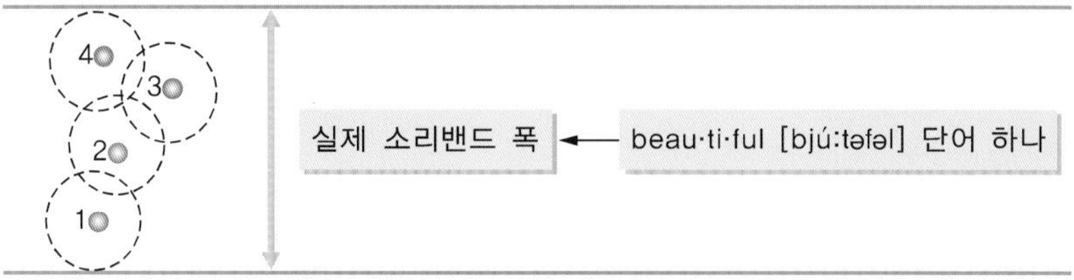

20~30회 정도 뇌에 들려 줄 수 있다. 1분에 4단어, 5분에 20단어, 25분 동안에 100개의 단어를 뇌에 20~30회씩 자극효과를 줄 수 있다.

하나의 단어를 15초 동안 소리로 노출시키는 것은 15초가 인간이 한 가지에 집중하는 심리시간이기 때문이다. TV광고가 15초 동안 노출되는 이유도 여기에 있다.

이렇게 만들어진 소리단어 음원을 하루에 5분만 들으면 단어 20개가 기억된다. 25분이면 단어 100개가 된다. 운동효과를 노려서 10일 동안 매일 반복해서 듣는다면(10일간 하루 5분씩) 총 몇 번을 자극받게 될까? 단어당 200~300번이다. 기억이 될까?

물론 사람마다 자극횟수에 따른 기억이 다를 수 있다. 200~300번에 기억되는 사람은 10일간을 기준으로 운동 훈련계획을 세우면 된다. 400~600번에 기억되는 사람은 20일을 반복기준으로 계획을 세우고, 600~900번에 기억되는 사람은 30일을 기준으로 계획을 세우면 된다. 30일이 가장 길다 해도 겨우 한 달이다. 하루 25분씩 한 달을 투자하면 영어단어 100개가 원어민 소리로 기억되고, 그것이 1년이면 1,000단어를 넘게 된다.

영어는 운동이기 때문에 혼자서 할 수도 있지만 함께하는 것이 효과적이다. 문제는 이와 같은 소리단어 음원이 있어야 한다. 운동 훈련

프로그램이 있어야 된다는 말이다. 선생님과 함께 훈련계획을 세워 매일같이 함께 소리단어 음원을 듣는 운동 훈련을 할 수 있다. 매일 태권도장에 나가 태권도를 배우는 것과 같다. 집에서 혼자 태권도를 하려고 하면 게을러져서 매일 훈련하기가 쉽지 않다. 체육관에 나가면 매일 같은 동작을 훈련하지만 다른 사람들과 함께 하기 때문에 재미있고 훈련 효과도 크다. 소리단어 음원이 바로 태권도에서의 품세와 같은 영어운동 훈련 프로그램이다.

05

어떻게 영어 문장능력을 6개월에 완성할까?

– 사진배열이론: 영어 문장의 단어배열방법

말과 글은 종국에는 문장으로 나타난다. 어떻게 하면 영어 문장능력을 가장 빠른 시간 내에 완성할 수 있을까? 이것은 영어를 학습하는 전 세계의 모든 사람들이 가장 알고 싶어 하고, 가장 배우고 싶어 하는 방법이다. 또한 영어를 배우는 우리 모두의 최종 목표다.

이 책의 최종 목표도 여기에 있다. 1장의 〈13. 자연세계란 무엇일까?〉와 〈14. 문장이란 무엇일까?〉의 내용을 잠시 떠올려 보자. 자연세계가 무엇인지 실재는 알 수 없지만 그것은 감각기관을 통하여 언어화된다. 그리고 그것이 의식세계를 형성하고 다시 뇌와 발성 운동기관을 통해 언어화되어 의식 밖으로 표출된다.

이를 도식화하여 〈13. 자연세계란 무엇일까?〉에서는 다음과 같이 '자연세계-언어세계-의식세계'로 나타내었다.

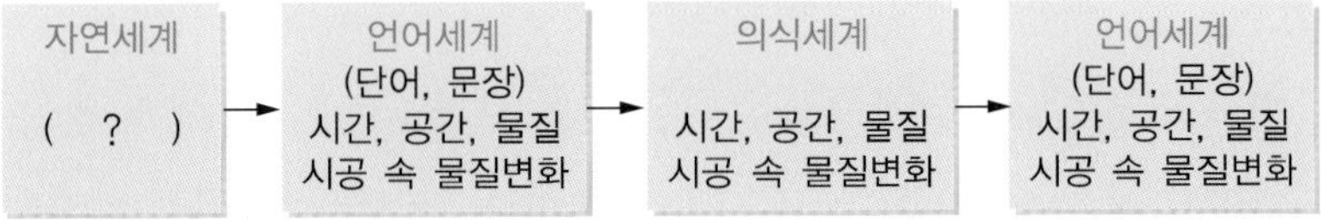

〈14. 문장이란 무엇일까?〉에서는 단어와 문장을 새롭게 정의했다. 단어는 소리로 된 한 장의 그림카드이고, 문장은 단어들의 체계적 배열 모음이라고 했던 것을 기억할 것이다.

이 두 가지를 결합해서 다시 다음처럼 정리할 수 있다.

단어는 상태를 표현한다. 그래서 정지된 사진과 같다. 문장은 상태의 변화를 표현한다. 그래서 움직이는 사진과 같다. 즉, **단어는 상태를 표현하는 정지된 사진이요, 문장은 변화를 표현하는 움직이는 사진이다.**

정지된 사진들이 순서대로 배열되고, 그것이 운동처럼 빠르게 지나가면 움직이는 사진이 된다. 마치 영화와 같다. 이 대목에서 가장 중요한 것은 정지된 사진들이 어떤 순서로 배열될 것인가이다. 여기에는 어떤 법칙이 있을까? 만약 단 하나의 단순한 배열 법칙이 존재하여 모든 문장을 설명할 수 있다면 단기간에 문장능력을 갖게 되는 것은 어렵지 않다. 사람에 따라서는 하루 만에 그 능력을 획득할 수도 있다.

결론부터 말하면 거기에는 '법칙이 있다'는 것이다. 해답은 '자연세계-의식세계-언어세계'에 있다.

이것을 말로 다시 표현해 보면 이렇다. 자연세계는 시간, 공간, 물질로 구성되며, 인간은 시간과 공간 속에서 물질의 변화를 감각한다. 감각을 통한 상태와 변화의 움직임을 언어로 내면화하면 의식의 세계가 형성된다. 이때 **문장으로 변화의 움직임을 의식세계에 내면화시킬 때 단어의 배열순서는 그 언어가 갖는 변화의 움직임을 감각하는 순서를 따**

른다.

변화의 움직임을 감각하는 순서는 인류 보편적으로 유일하지 않고, 언어마다 다를 수 있다. 이 감각하는 순서가 언어를 사용하는 인종의 사고체계를 형성하는 바탕이 된다. 이것이 자연세계를 보고 생각하는 모든 관점의 방향성을 낳는 근원이 된다. 의식세계를 만드는 바탕이 된다. 언어마다 그 언어를 사용하는 민족이나 인종들의 사고체계가 조금씩 다른 이유가 여기에 있다.

다시 언어를 통하여 의식세계를 표출할 때에도 변화의 움직임을 감각했던 그 순서 그대로 단어를 배열하여 나타내게 된다. 이렇게 동일 언어에 대하여 감각할 때나 표현할 때 단어배열의 순서가 같기 때문에 말을 듣고 말을 하게 된다.

과학의 발전과 진보의 과정을 세 단계로 나눌 수 있다.

인간의 생물학적 감각 능력을 기준으로 했을 때, 갈릴레오와 케플러와 뉴턴으로 대표되는 거시의 세계를 과학화한 시대(19세기), 전자와 원자핵에 대한 케임브리지대학 캐븐디시 연구소로 대표할 수 있는 미시의 세계를 과학화한 시대(20세기), 이 두 개를 통합하여 우주와 생명을 과학화해 가는 새로운 한 시대(21세기)로 나눌 수 있다.

우리는 지금 21세기에 살고 있다. 인간의 모든 창의성은 보는 능력과 본 것을 범주화하는 능력에서 비롯된다. 그중 본 것을 범주화하는 능력은 보는 능력보다 창의성과 훨씬 가깝게 연관되어 있다.

우리들은 무엇에 대해 잘 모를 때 그것을 매우 복잡하게 여긴다. 그러나 그것에 대해 충분히 알고 과학적으로 간결하게 만들어 놓으면 매우 단순한 규칙으로 움직이는 현상에 불과함을 깨닫게 된다.

수많은 예가 있지만 2009년 7월 22일에 있었던 개기일식이 그런

▲ 개기일식(2009년 7월 22일, 중국), ⓒ 한국천문연구원

경우에 속한다. 금세기 최대 최장의 개기일식을 보기위하여 중국과 인도로 수많은 사람들이 몰려들었다. 당시 개기일식은 앞으로 100년 이내에 다시 볼 수 없는 인류 모두의 가장 큰 볼거리였다. 개기일식은 지금은 즐거운 구경거리지만 과학적으로 이해되기 전에는 복잡하고 두려운 자연현상 가운데 하나였다.

자연과 자연현상을 과학으로 연구하면 할수록 복잡하게 보이던 모든 것들이 단순한 원리와 법칙으로 범주화되어 있다는 사실을 알 수 있다.

언어의 문장도 이와 같다. 헤아릴 수 없이 많은 단어, 그 단어들로 조합된 무수한 문장들, 그 문장들이 모인 수많은 글들이 마치 자연현상의 복잡성을 그대로 보는 듯하다. 이것을 최대한 간결하게 만들기 위하여 언어학자들이 단어를 명사, 동사, 형용사, 부사 등의 품사로 나누고, 문장을 1형식, 2형식, 3형식, 4형식, 5형식으로 나누었다. 이것이 문법의 시작이다. 그리고 우리는 그동안 이렇게 범주화된 방식으로 영어를 습득하려고 노력해왔다.

그런데 그것은 너무나 복잡하다. 나는 그것을 좀더 간결하게 범주화할 수 있다고 본다. 아니 완벽하게 아름다운 대칭성을 가진 자연법칙과 같은 모습으로 설명할 수 있다고 생각한다. 마치 뉴턴의 운동법칙이 모든 운동현상을 완벽하게 설명하고 담아내었듯이.

문장의 아름다운 배열순서

> **단어는 상태를 표현하는 정지된 사진이요,**
> **문장은 변화를 표현하는 움직이는 사진이다.**
> **움직이는 사진은 정지된 사진의 배열에서 나온다.**
> **마치 1초에 24프레임이 흘러가는 영화와 같이……**

하나의 움직이는 모습(변화의 모습)을 담은 하나의 문장은 여러 개의 단어로 이루어진다. 문장은 움직이는 변화의 현상이고, 문장을 이루는 단어는 정지된 사진이다.

이 사진들을 다시 카테고리에 나누면 세 개의 집합으로 이루어진다. ① 변화의 주체, ② 변화하는 모습, ③ 주체의 변화를 보다 자세하게 그리기 위하여 필요한 구체적 대상이다.

대상이 구체적으로 묘사되어 나타남으로써 문장의 최종적 울타리의 경계가 형성된다. 울타리의 경계까지 다 그려진 문장은 그 자체로 갇힌 문장이 되어 의미의 유연성이 사라진다. 즉 문장의 자유도가 없어진다. 다른 의미로 확장하거나 변화시킬 여지가 없다는 말이다.

예를 들면 '나는 간다'라는 문장은 주체와 변화만 있다. 대상이 아직 없기 때문에 울타리 경계가 완전하지 않아 확장과 변화의 여지가 있다. 자유도가 조금 있다는 말이다. '나는 학교로 간다'고 하면 구체적 대상이 나왔다. 울타리 경계가 조금 쳐진 것이다. 자유도가 줄어들었다. '나는 학교로 공부하러 아침 일찍 간다'고 하면 울타리 경계가 거의 다 쳐져서 변화와 확장의 여지가 거의 없다. 자유도가 거의 없다. 이렇듯 하나의 문장에서 {대상}은 문장의 울타리 경계를 쳐서 문장이 다른 의미로 변화하는 여지를 없애게 된다.

문장 집합의 원소집합과 구조

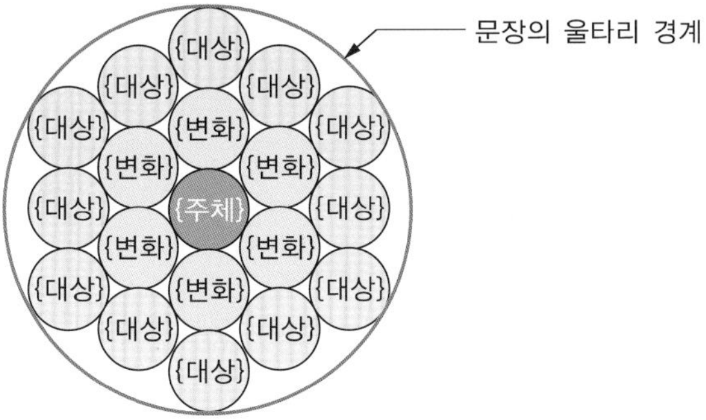

움직이는 변화의 현상 = 문장 = [{주체}, {변화}, {대상}]

따라서 문장은 주체, 변화, 대상을 원소집합으로 하는 집합이고, {주체}가 있고, 그 {변화}가 있고, 문장의 울타리 경계를 확실히 만드는 {대상}이 있게 된다. 하나의 문장에 대하여 울타리를 치면 절대적 거리는 {주체}→{변화}→{대상}→울타리 경계가 된다.

문장 = [{주체}, {변화}, {대상}]

문장이 있으면 언제나 그 문장을 말하고 듣고 읽고 쓰는 사람이 있다. 이 사람을 움직이는 영상을 관람한다고 하고 관람자라 부르자.

관람자가 {주체} {변화} {대상}의 정지된 사진들을 볼 때 관람자의 보는 순서가 문장의 사진 배열을 결정한다. 아무렇게나 사진을 배열해 놓고 '조이트로프(Zoetrope)'를 돌리면 움직이는 모습이 뒤죽박죽되어 알 수 없게 된다.

언어마다 문장의 집합 속에 있는 사진들은 그 순서가 있다. 문장이 되기 전 사진들은 그냥 아무렇게나 집합 속에 존재할 뿐이었지만 사

조이트로프와 달리는 말

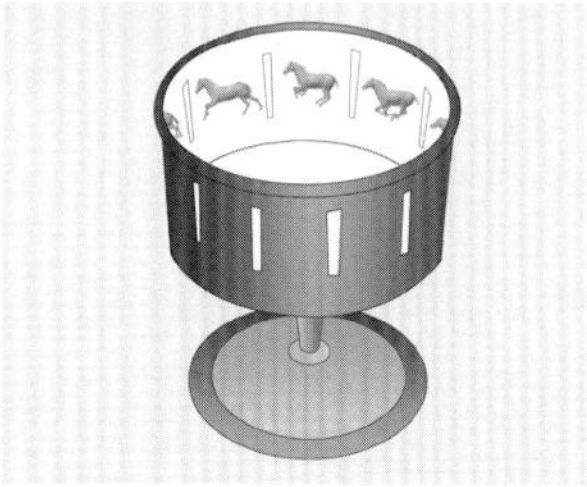

진을 꺼내어 펼쳐놓을 때 언어마다 자기들의 순서에 맞게 사진을 배열해 놓는 것이다. 그리고 조이트로프를 돌려 움직임을 보는 것이다.

조이트로프에서 움직이는 변화의 현상 울타리 안의 원소들을 보는 순서가 그 언어를 사용하는 사람들의 의식구조고, 사고체계고, 성향이고, 문화적 배경이고, 정신적 산물을 낳는 모든 것이다.

어떤 순서로 사진을 배열할까? 사진은 관람자가 보는 순서대로 배열한다. 모든 경우의 수는 다음과 같이 6가지가 있을 수 있다.

1. {주체} → {변화} → {대상}
2. {주체} → {대상} → {변화}
3. {변화} → {주체} → {대상}
4. {변화} → {대상} → {주체}
5. {대상} → {주체} → {변화}
6. {대상} → {변화} → {주체}

전 세계의 모든 언어의 문장은 위의 여섯 가지 경우의 수에서 벗어나지 않는다. 영어는 1번에 해당되고, 한국어, 일본어는 2번에 해당된다. 영어에서도 의문문, 명령문, 감탄문 등 문장의 종류에 따라 보는 순서를 달리 하지만 이 여섯 가지 안에 모두 속한다. 여기에서는 영어와 한국어의 서술문만을 살펴보기로 하자.

영어의 배열순서 – 영어의 특징

영어사용자들은 {주체}→{변화}→{대상}의 순서로 움직이는 현상을 본다. 영어사용자들은 주체로부터 문장의 울타리 경계 쪽으로 시선을 내부에서 바깥으로 넓혀가며 살펴보는 순서를 취한다. {주체}→{변화}→{대상}의 순서로 정지된 사진을 배열해 놓고 조이트로프를 돌려 움직이는 모습을 본다. 바로 눈앞의 사물부터 보고 차례로 순서를 밟아 멀리까지 확인하는 서양 사람들의 과학적 사고방식과 일치하는 방식이다.

서양 사람들은 눈으로 보여주지 않으면 믿지 않으며, 언제나 눈으로 볼 수 있도록 재현되지 않으면 과학이라 부르지 않는다. 그래서 영어의 증명하라는 'prove'와 같은 말이 'show that ~'이다. 보아야 믿는 그들의 보는 순서는 눈앞에서부터 차례로 멀리까지다. 한마디로 줌아웃(zoom out)이다.

영어사용자들의 문장 속 현상을 보는 순서

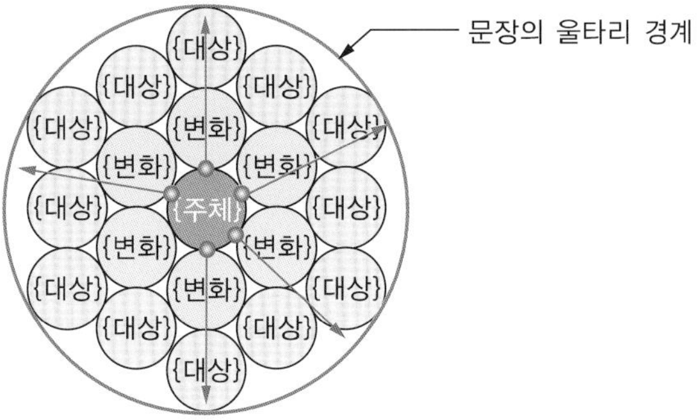

과학이 서양에서 꽃을 피우고 열매를 맺은 이유는 이들의 언어에서 비롯된 관찰습성과 사고습성 때문이라고 본다. 서양 과학은 물체→ 물질 → 분자 → 원자 → 전자 + 원자핵 → 중성자 + 양성자 → 쿼크 → 빅뱅 등 우주로 과학의 경계를 계속 넓혀갔다. 마치 눈앞에 있는 물체를 보고, 그 다음 물체에서 물질이라는 공통된 카테고리를 보고, 물질에서 분자를 보고, 분자에서 원자를 보듯 순차적으로 연구되어 오지 않았는가.

{주체} {변화} {대상}은 각각의 단어 원소들을 여러 개 가질 수 있다. {주체}를 보다 상세하게 묘사하기 위하여 {주체}={s1, s2, s3,…}와 같이 여러 장의 사진을 가질 수 있고, {변화}를 보다 상세하게 묘사하기 위하여 {변화}={c1, c2, c3,…}와 같이 여러 장의 사진을 가질 수 있고, {대상}을 보다 상세하게 묘사하기 위하여 {대상}={b1, b2, c3,…}와 같이 여러 장의 사진을 가질 수 있다. 이들 사진들의 배열도 {변화의 주체}→{변화하는 모습}→{대상}으로 진행하면서 보이는 순서대로 배열한다.

실제 문장을 예로 들어 보자.

(1) 영어 문장 : {주체}→{변화}→{대상}

(2) {주체}={s1, s2, s3,…}, {변화}={c1, c2, c3,…}, {대상} ={b1, b2, b3,…}

(1) 영어 문장 : {주체}→{변화}→{대상}

영어 문장 {주체}→{변화}→{대상} 배열의 예

주체	변화	대상
변화의 주체	변화하는 모습	주체의 변화를 더 자세히 그리기 위한 대상
He	sings	very well
He	is	a teacher
He	gives	a book
He	gives	a book to me
He	gives	me a book
He	makes	me a teacher
The earth	moves	round the sun
A large fox	lived	under the tree
My hobby	is	collecting stamps
He	takes	off his coat
He	looks	at the picture
He	takes off	his coat
He	looks at	the picture
He	takes a look	at the picture
He	takes a look at	the picture

(2) {주체} = {s1, s2, s3,…}, {변화} = {c1, c2, c3,…}, {대상} = {b1, b2, c3,…}

1. 자연세계의 현상을 관찰해 나아가다 시간과 공간과 물질에서 대상을 만나면 무엇부터 볼까? 시간과 공간과 물질은 {주체}와 {대상}이 된다. 이들의 사진이 한 장이 아닌 여러 장으로 묘사되어야 한다면 어떤 순서로 보고 배열해야 할까?

물질이 공간상에 위치한 위아래 주위 즉 공간의 경계가 먼저 보이고, 그 다음 경계 속 알맹이인 대상물질이 보인다. 시간도 마찬가지다. 가장 가까이 존재하는 요일, 날자, 월, 년의 순서로 보게 된다. 또는 날자와 월을 묶어 하나로 생각하면 요일, 월-일, 년으로 보기도 한다. 시간대상에서 가장 눈에 먼저 보이는 것이 현재고, 그것이 가장 바깥 경계에 있게 된다. 시간과 공간속 물질 모두 눈에 가장 가깝게 보이는 것에서부터 점차로 멀어지는 순서로 진행한다. 매우 논리적이고 합리적인 관찰방법이요 사진 배열방법이다. 현상 전체를 보는 방법인{주체}→{변화}→{대상}의 순서와 일치하고 있다.

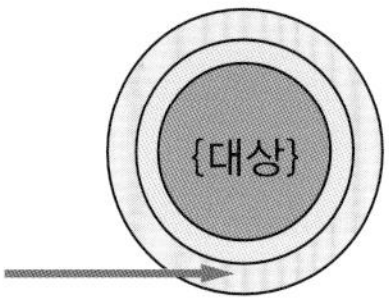

round the sun
under the tree
on the desk
at a bank
in the woods
} 공간 속 물질대상

Sunday 30-08-2009
Sunday 08-30-2009
} 시간대상

2. 시간과 공간 속 물질의 대상에서 물체의 수를 밝혀야 하는 경우를 만나면 무엇부터 볼까?

물체의 숫자를 먼저 보고 물체의 종류를 보는 자연스런 순서를 갖는다. 멀리서 물체를 볼 때 가장 먼저 분별되는 것은 그것의 개수다. 그리고 가까이 다가가서야 물체가 무엇인지 눈에 들어오게 된다. 이 역시 눈에 가장 가깝게 일어나는 현상을 먼저 확인하고 차례로 진행하는 합리적 방법이다. 물체의 수에 대한 것을 명확하게 밝히지 않으면 한 걸음도 더 나아가지 못하는 언어습성을 지녔다. 이것이 모든 것을 정량화 ·

수량화·계량화하는 과학의 밑거름이 되었을 것으로 추정된다.

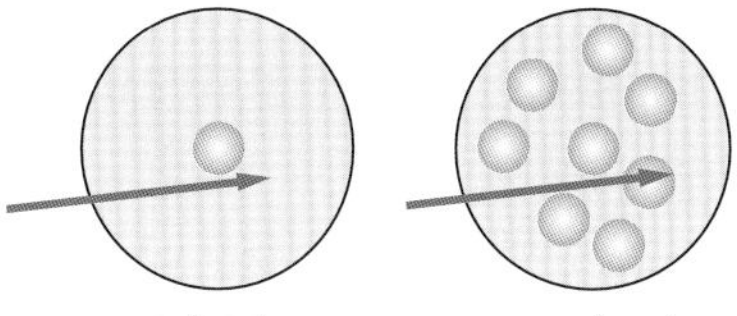

3. 물질이 셀 수 있는 물체가 아니라 셀 수 없는 물질이면 어떻게 할까?

숫자로 나타내는 수량화·정량화에 이렇게까지 집착하는 것은 한국어 사용자로서는 참으로 이해하기 어려운 부분이다. 그러나 과학이 정량화, 수량화에서 시작되고 끝나는 것을 이해하는 사람이라면 과학이 서양에서 꽃피운 이유를 여기에서 찾아도 무방할 것이다. 1과 2를 합친 표현으로, 진행해가면서 있는 그대로 순서대로 표현한다. a cup of water라고.

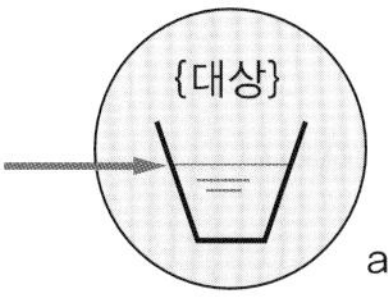

4. 시간과 공간 속에서 물질의 변화를 묘사하는 데 여러 장의 사진이 필요할 때는 어떤 순서로 볼까? 또 어떤 순서로 사진을 배열할까?

움직임이 진행되는 대로 보고 그대로 사진을 배열한다. 문법책에서는 부사라고도 하고, 전치사라고도 하며 복잡한 설명이 있다. 하지만 여기에서는 전치사, 부사, 숙어동사 따위는 잊어버리고 변화를 묘사하는 순서를 있는 그대로 본다. 전치사든 부사든 모두 한 장의 이미지와 개념을 가진 사진이다. 그 이미지와 개념을 그림처럼 보면서 그림을 그려보는 것이 문법보다 중요하기 때문이다. 그러므로 on, off, up, down, to, at, of, for, away, from 등에 대하여 다양한 이미지와 개념을 가지고 있어야 한다.

takes off, looks at, takes a look, takes a look at,
put on, turn on, turn off, show up, pick up

결론으로 요약하면, 영어사용자들의 자연현상을 보는 방법과 본 장면들을 배열하는 순서는 다음과 같다.

즉, 눈에 가장 가깝게 보이는 곳에서 먼 곳으로 나아가면서 본다. 그리고 이 순서대로 단어를 배열한다.

이것을 요약해 그림으로 표현하면 다음과 같다.

영어사용자 현상 관찰순서 – 단어 배열순서

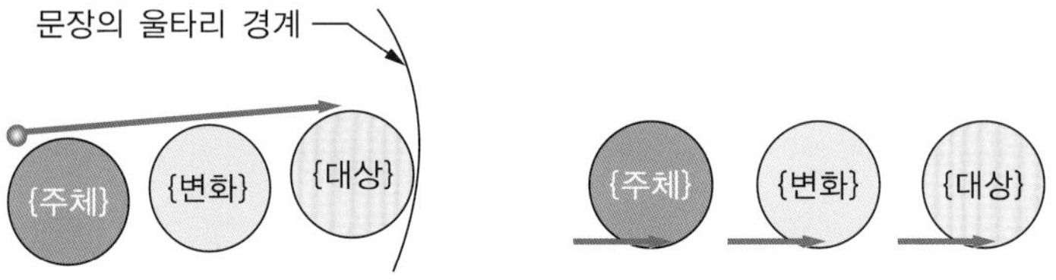

A. 현상 집합 전체를 보는 순서

B. 시공간 속 물질, 변화
즉, 주체, 변화, 대상 각각의 관찰순서

한국어의 배열순서 – 한국어의 특징

한국어는 영어와 거의 완벽하게 대칭을 이루는 관찰순서를 갖고 있다. 한국어 사용자들은 {주체}→{대상}→{변화}의 순서로 현상을 본다. 이것은 주체라는 내부 핵에서 시작해 현상의 가장 바깥의 울타리 경계를 먼저 보고 중심으로 다시 들어오면서 관찰하는 방법이다.

이런 방법으로 정지된 사진을 배열하여 조이트로프를 돌려보면 보고자하는 대상 전체가 우선적으로 조망되는 특징을 가진다. 일어나는 순서와 차례대로 현상을 관찰하는 논리보다는 일시에 직관으로 전체를 보는 성향이 생길 수 있다.

실제 문장을 예로 들어 보자.

(1) 한국어 문장 : {주체}→{대상}→{변화}

(2) {주체}={s1, s2, s3,⋯}, {대상}={b1, b2, b3,⋯}, {변화}={c1, c2, c3,⋯}

한국어 사용자들의 문장 속 현상을 보는 순서

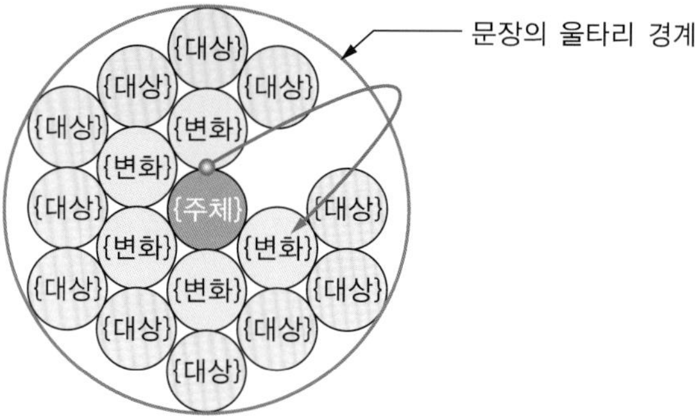

(1) 한국어 문장 : {주체}→{대상}→{변화}

한국어 문장 {주체}→{변화}→{대상} 배열 예

주체	대상	변화
변화의 주체	주체의 변화를 더 자세히 그리기 위한 대상	변화하는 모습
그는	대단히 잘	노래한다
그는	선생님	이다
그는	책을	준다
그는	나에게 책을	준다
그는	나에게 책을	준다
그는	나를 선생님으로	만든다
지구는	태양 주위를	돈다
큰 여우가	나무 밑에서	살았다
내 취미는	우표를 수집하는 것	이다

(2) {주체} = {s1, s2, s3,…}, {대상} = {b1, b2, b3,…}, {변화} = {c1, c2, c3,…}

1. 자연세계의 현상을 관찰해 나가다가 시간과 공간과 물질에서 대상을 만나면 무엇부터 볼까? 시간과 공간과 물질은 {주체}와 {대상}이 된다. 이들의 사진이 한 장이 아닌 여러 장으로 묘사되어야 한다면 어떤 순서로 보고 배열해야 할까?

공간상의 물질 대상의 경계 속 본체부터 파악하고 대상의 바깥 경계인 위아래 주위를 살피는 순서를 취한다. 공간적으로 경계는 눈에서 가깝고 알맹이가 눈에서 먼 곳에 위치한다. 즉, 공간적으로 눈에서 먼 곳을 먼저 살펴보고 가까운 쪽으로 오고 있음을 알 수 있다. 시간에 있어서도 눈에서 가장 먼 곳을 보고 가까운 쪽으로 오면서 배열한다. 연, 월, 일, 요일, 시간 순이다. 이것은 현상 전체를 보는 방법인 {주체}→{대상}→{변화}의 순서와 일치하고 있다.

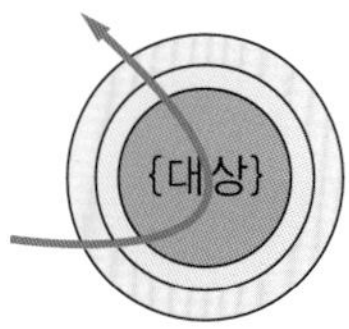

태양 주위를
나무 밑에서
책상 위에
은행에서
숲 속에서 } 공간 속 물질대상

2009년 8월 30일 일요일 } 시간대상

2. 물체의 수에 관해서는 어떨까?

한국어에서는 물건을 볼 때 물건의 개수를 먼저 확인하고 물건을 살피는 관찰을 하지 않는다. 현상 전체를 종합적·직관적·정성적으로 보는 관찰 방법 때문에 수량화와 계량화의 개념이 약화되었다고 본다. 이것은 정량적·분석적·논리적인 영어의 관찰 방법과 크게 다르다 할 수 있다.

He gives **a book.**	그가 책을 준다.
A fox lived in the woods.	여우가 숲에 살았다.
Give me **a cup of water.**	물 한 컵 줘.
There are **many books.**	책이 많이 있다.

결론으로 요약하면, 한국어 사용자들이 자연현상을 보는 방법과 본 장면들을 배열하는 순서는 이렇다. 즉, 눈에서 가장 멀리 보이는 곳에서 가장 가까운 곳으로 들어오면서 본다. 그리고 이 순서대로 단어를 배열한다. 이것을 요약된 그림으로 표현하면 다음과 같다.

한국어 사용자 현상 관찰순서 - 단어 배열순서

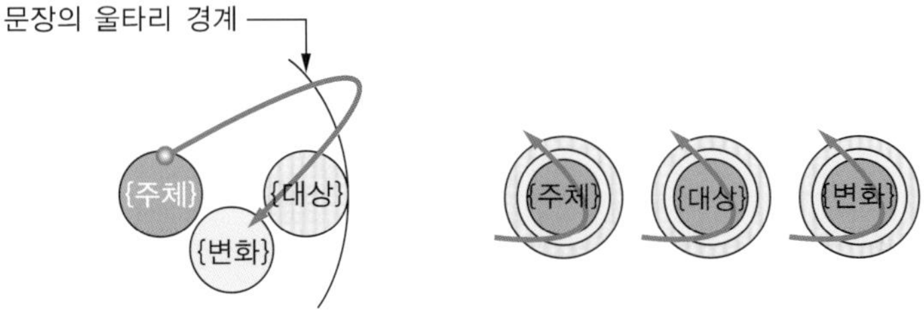

A. 현상 집합 전체를 보는 순서

B. 시공간 속 물질, 변화
즉, 주체, 대상, 변화 관찰순서

IV

영어의 완성을 위한 소리단어 VocaPod

영어를 자유롭게 듣고 말하는 세계에
마침내 들어가는 사람은 누가 될 것인가?

영어공부는 종이 위에서
활쏘기 하는 지상궁도가 아니다.

영어를 머리로 공부하는 사람은
결코 그 세계의 문을 열 수 없다.

그것은 오직 귀로 듣고 입으로 열심히 흉내 내는
사람에게만 열리는 문이다.

더 많이 듣고 더 많이 흉내 낼수록
그 문은 더 빨리 열리게 된다.

01
What, Why, How로 꿰어진 보석 구슬 보배

What의 아름다움

시인은 인간 내면의 잡힐 듯 잡히지 않는 그 무엇을 표현하고자 평생을 바치는 사람이다. 과학자는 인간 외면의 눈에 보이지 않는 그 무엇에 이름과 분명한 개념을 부여하고자 평생을 바치는 사람이다.

이들에게 공통점이 있다면 모두 잡히지 않고 보이지 않는 그 무엇, What을 인간의 언어로 붙잡으려 한다는 것이다. 시인과 과학자는 인간 언어의 불완전성을 보다 완전하게 극복하려고 하나같이 애쓰는 사람들이다.

나는 박길숙의 〈이름을 위하여〉라는 시를 참 좋아한다. 시를 읽으면 보이지 않고 잡히지 않는 그 무엇이 잡힐 듯 말 듯 내 주위를 하늘거린다. 박길숙의 시에서 언어의 불완전성과 거기에서 비롯된 완전한 아름다움, 즉, 언어의 양면성을 본다.

시(詩)는
언어의 불완전성에서 비롯된
인간 언어의 완전한 아름다움이요
과학은
언어의 불완전성에서 비롯된
인간 언어의 완전한 도전이다.

이름을 위하여

박 길 숙

바람!
누가 바람을 바람이라 하였는지
바람을 물이라고 부르고 싶다.
모양도 없이 어둠에까지
흘러드는 물!

물!
누가 물을 물이라 하였는지
물을 별이라 하고 싶다.
낱낱이 방울까지 빛나는 별
줄기 가득히 빛을 싣고
달려 가는 별

별!
누가 별을 별이라고 하였는지
별을 꽃이라 부르고 싶다.

밤마다 환하게 풀섶에 지는 꽃.
세월의 그늘까지
밝혀 드는 꽃

그대!
누가 그대를 사랑이라 하였는지
커다란 궤적을 그리며
생애(生涯)의 한 가운데로 가로지르는
그대를 바람이며 물이며
꽃이라 부르고 싶다.

'What'은 언어의 시작이고 모든 것이다. 또한 인간 사유의 굴레이며 한계다. 그것은 양파처럼 층층이 겹을 이루고 있다. 우리들은 자랄 때나 지금이나 너무나 많은 What 속에 파묻혀 살아와서 그 중요성을 잊고 있다. 마치 공기 속에 살고 있어 공기의 중요성을 잊듯이.

What은 크게 두 가지로 나눌 수 있다.

첫 번째는 인간의 오감으로 느낄 수 있는 것을 들 수 있다. 1차적 감각으로 느낄 수 있는 것들이다. 양파껍질 한두 겹이면 속살을 드러내는 것들이다. 이들은 모두 이미지 몇 개로 범주화된다.

두 번째는 인간의 오감을 뛰어넘은 그 무엇으로 느낄 수 있는 What을 들 수 있다. 오감과 생각의 조합으로 알 수 있는 것들이다. 많은 이미지가 중첩되어 개념으로 승화되는 것들이다.

첫 번째의 What은 너무 쉽고 감각적이어서 초등학교에 가기 전에 거의 대부분을 알게 된다. 문제는 두 번째의 What이다.

우리는 아이들을 초등학교에 입학시키면서부터 "공부해라!" "공부해라!"하고 들들 볶는다. 아이가 대학에 갈 때까지 '공부해라!'라는 말을 입에 달고 산다. 그러면서 정작 '공부가 무엇인가'를 스스로 생각해 본 적이 있는가? 아니 생각해 보았다 하더라도 남들이 다 아는 정도의 양파껍질 한두 개만 벗겨 보았지 몇 겹이라도 더 벗겨 보려고 한 적이 있는가?

모든 공부는 두 번째 What에 집중되어 있다. 초등학교부터 대학교, 또는 그 이상에 이르기까지 모든 교과목과 책은 두 번째 What으로 시작한다는 것을 우리는 알아야 한다.

공부란 What, Why, How의 균형

'공부, 익힘, 앎, 배움, 학습, 지식습득' 모두 하나의 What을 다른 소리와 글자로 나타낸 것이다. 바람을 누가 바람이라 하였는가. 바람을 물이라 부르고 싶은 시인의 마음과 같이 이것들은 그저 하나의 이미지에 서로 다른 이름일 뿐이다. 그중 익숙한 것 하나를 그저 공부라고 불러보자.

공부란 무엇인가? 모르는 것을 알아가는 일체의 행위다.

공부는 어떻게 하는가? 모르는 현상 및 개념의 What, Why, How를 파악하여 아는 것이다.

'공부를 잘 한다'는 것은 무엇인가? 그것은 현상 및 개념의 What을

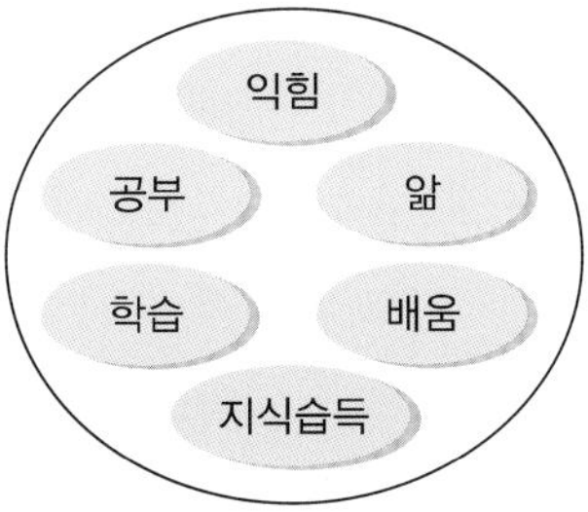

잘 알고, Why를 잘 알고, How를 잘 아는 것이다.

What을 알아야 Why를 생각할 수 있고, Why를 알아야 How를 생각할 수 있고 What, Why, How를 균등하게 알아야 새로운 What의 양파껍질을 벗겨낼 수 있기 때문이다.

이때 비로소 창의성이 발현되기 시작한다. 새로운 What에서 새로운 Why와 새로운 How가 또 나오게 되는 것이다. 창의성의 시작은 이 세 가지의 균등함에서 비롯된다. 결국 공부를 잘한다는 것은 What, Why, How를 아래의 그림과 같이 균등하게 배분하여 잘 이해하는 것이다.

What, Why, How의 균형

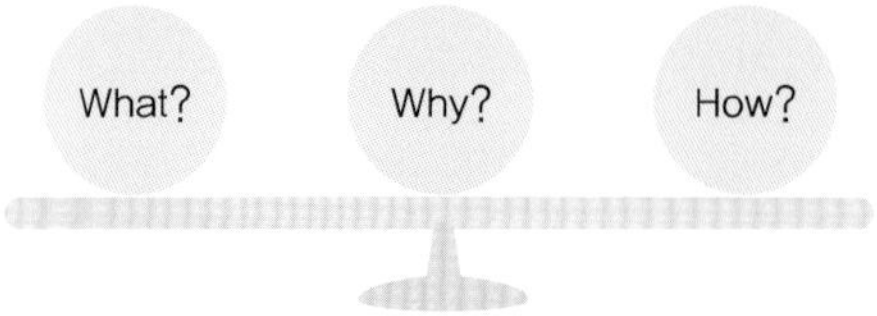

그런데 우리는, 아니 우리 아이들은 지금 아래와 같이 What, Why는 가볍게, How는 무겁게 공부하고 있지는 않은가? How를 해결할 수 있는 만큼만의 What, Why를 생각하는 데 멈추어 있지는 않은가? 조금의 What, Why로 엄청나게 다양한 How만을 위해 학교와 학원과 학습지에 모든 시간을 빼앗기고 있지는 않은가? 우리 아이들은 지금 생각의 창의성이 발현될 여지가 없는 비좁은 나라에서 살고 있지는 않은가?

최근 '닭이 먼저냐 달걀이 먼저냐'에 대한 새로운 해답이 나왔다. 그동안 달걀이 먼저라고 알려졌었으나 영국 셰필드대와 워윅대 연구팀이 계란의 구조를 분석한 결과, 한 단백질 성분이 닭의 난소에서 발견된 성분과 동일하다는 과학적 증거를 찾아내면서 닭이 먼저라는 사실을

What, Why, How의 불균형

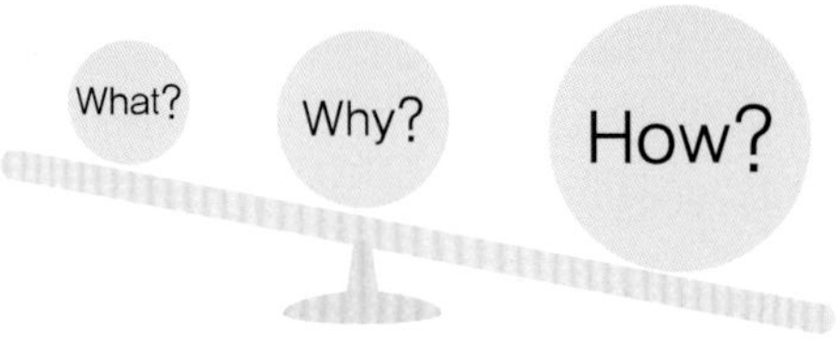

밝혀낸 것이다.

영국의 과학자들은 참으로 탐구심이 대단한가 보다. 그 문제를 풀려고 시간과 노력을 들여 답이라고 결론을 찾아내는 것을 보면 말이다. 닭이 먼저냐 달걀이 먼저냐의 문제는 문제오류에 해당된다.

문제오류에 대한 다른 예를 하나 더 들어보자.

그림과 같은 원형경기장을 사람들이 뛰고 있는데, 그들이 언제부터 뛰기 시작했고 또 언제 모두 그만둘지 모른다고 가정하자.

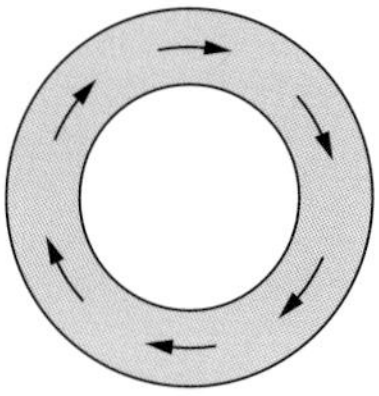

이 상황을 보며 누군가가 '누가 1등이지?'라는 물음을 던진다면 이 문제는 문제오류에 해당된다. 그러나 지금 이 순간부터 한 바퀴를 가장 먼저 도는 사람을 1등이라고 하자고 정해 놓으면 '누가 1등이지?'라는 물음은 문제오류 없이 답을 가질 수 있다.

우리들이 일상으로 주고받는 대부분의 문제들은 문제오류를 포함하고 있다. 문제오류는 인간의 언어가 매우 불완전하고, 불완전한 언어에 대한 인간의 이해가 또한 매우 불완전하기 때문에 일어난다.

모든 문제들은 문제오류가 제로 퍼센트(0%)인 문제(수학문제)에서 백 퍼센트인 문제(원형경기장의 1등 문제)사이에 분포하게 된다.

수학은 인간의 언어의 불완전성에서 비롯된 인간의 언어에 대한 완전한 도전이다. 그러므로 대부분의 수학문제는 문제오류 제로 퍼센트에 해당된다. 그것은 인간이 만든 수학이라는 언어가 완전성에 가깝기 때문이다.

수학이라는 거대한 탑을 구성하는 벽돌 하나 하나는 분명하고 오차 없는 What을 각각 갖고 있다. What이 명료하면 언어가 명료할 수 있고, 주고받는 커뮤니케이션이 명료해지고, 문제오류가 제로 퍼센트에 가까워 질수 있다는 것을 나타낸다.

'닭이 먼저냐 달걀이 먼저냐'라는 문제에서 닭이 뭔데? 달걀이 뭔데? 라고 What을 물으면 수학처럼 명료하게 대답할 수 있는 사람은 없다. 닭 속에 달걀이 있고 달걀 속에 닭이 있다고 해도 틀린 말이 아니다. What이 불완전하면 Why와 How도 불완전해진다.

그러면 What, Why, How는 생각의 체계 속에서 서로 어떤 관계를 가지며 어떤 기능과 역할을 할까? What은 무엇이고, Why는 무엇이고, How는 무엇일까?

What은 인간의 생각을 담는 최초의 그릇이요 가장 큰 그릇이다. 그릇의 크기와 모양은 사람마다 조금씩 다르지만 실제 세상의 많은 것들이 그 속에 호수처럼 담긴다.

Why와 How는 What의 그릇 속에 담긴 생각을 퍼낼 수 있는 What

보다 작은 그릇이다. Why와 How는 서로 다른 그릇이 아니다. 관으로 연결되어 생각의 물을 주고받을 수 있는 다음의 그림과 같은 하나의 관으로 연결된 하나같은 두 개의 양동이다.

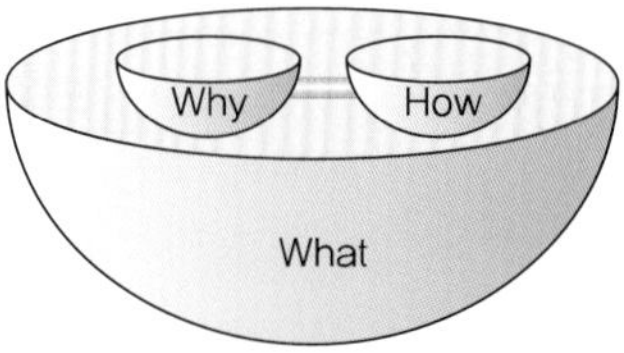

What, Why, How와 과학(Science)과 기술(Technology)의 상관관계

Why와 How의 그릇에 담을 수 있는 가장 큰 개념은 과학과 기술이다. 과학은 Why의 그릇에, 기술은 How의 그릇에 통상적으로 담는다. 그러나 이 둘은 모두 What의 보다 큰 그릇 속에 담겨 있는 작은 그릇에 불과하다.

How의 그릇에 담긴 기술은 문명의 시작 이후 비체계성에서 출발하였고, Why의 그릇에 담긴 과학은 1600년 이후 체계성에서 비롯되었다. 고려청자를 만드는 기술은 How에서 비롯되었고, 반도체를 만드는 과학기술은 Why에서 시작되었다.

앞의 그림은 Why와 How를 '하나의 관으로 연결하여 하나같은 두 개의 양동이'로 묘사하였다. What이라는 개념에서 일상생활의 것들을 퍼내기 위하여 사람들은 처음에 How의 바가지를 많이 사용하였다. How는 체계성이 없어도 경험적으로 항상 그렇게 되었다. 개인에서 개인으로 가지각색의 How가 전수되었다. 그런 것들을 모두 기술이라고 했다.

Why는 살아가는 일상의 것보다 추상의 것들이 많아서 여유 있는 계층의 몫이었다. 여유 있는 자들이 여유 있는 노력을 했지만 체계성을 갖추는 데는 많은 시간이 필요했다.

과학사 책을 뒤져보면 '지식자체를 위한 지식'으로써 과학은 B.C. 7세기 탈레스에서 시작되었다고 기록되어 있다. 그러나 오늘날 모두가 인정하는 과학은 17세기부터 시작되었다. 탈레스에서 뉴턴까지 2,500년 가까이 걸린 셈이다. Why의 그릇이 제대로 모양을 갖추고 기능을 하는 데 How이래 몇천 년이 걸린 것이다.

역사를 통틀어 과학(Why)과 기술(How)의 상관관계를 한마디로 요약하고, 그것을 그림으로 나타내면 다음과 같다.

과학과 기술의 상관관계

비체계성의 기술, How는 Why를 통하여 체계성을 갖추고 과학화된다.

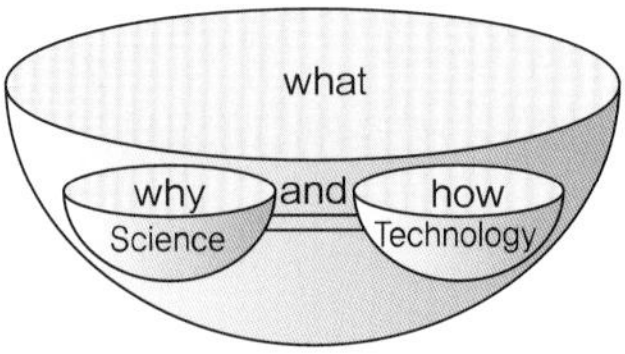

21세기의 기술(How)은 과학적 방법(Why)에 의한 체계성을 필수요건으로 할 때 경쟁력을 갖는다.

오늘날 우리 아이들의 생각하는 그릇은 위의 그림과 같은 모양이어야 한다. What 속에 담긴 Why와 How가 있어야 한다. Why의 내용물은 How의 그릇으로 유입되고, How의 내용물은 Why의 그릇으로 유입되어 일체가 되어야 한다.

주어지고 주입된 What, Why, How만을 담아낸다면 오늘은 있되 내일은 없다. 우리 아이들이 주어진 What의 양파껍질을 벗기고 새로운 What을 생각할 줄 알아야 한다. 새로운 What에서 또 다른 Why와 How를 찾도록 가르쳐야 한다. 여기에 우리의 미래가 있다. 또 다른 내일이 있다.

모든 What과 Why와 How는 언어로 쌓아지는 성이다. 언어는 다시 What과 Why와 How로 이루어진다. 이 둘은 하나이면서 둘이고 둘이면서 하나다. 이 둘은 모든 배움의 시작이고, 끝이다.

이 책은 마음으로 마음을 살피듯이 하나같은 둘의 하나로 나머지 다른 하나인 언어의 근원을 파헤쳐보는 것이다. What과 Why와 How로 자신의 다른 면인 언어를 살펴본 것이다. 언어와 언어의 학습을 과학과 기술의 영역에 편입시키려고 한 것이다.

이 책은 언어와 외국어 학습에 있어서 1886년의 시속 15킬로미터에 불과하던 **'칼 벤츠의 3륜 자동차'**를 시속 350킬로미터인 **'벤츠 SLR 스**

털링 모스'로 진화시키는 기폭제가 될 것이다. 우리나라에서의 외국어 학습 특히, 영어를 시속 15킬로미터인 채로 공부하며 시간과 비용과 노력을 더이상 낭비하지 않고, 시속 350킬로미터가 넘는 속도로 배울 수 있도록 할 것이다. 과학은 그것을 가능하게 한다. 이 책 또한 그것을 가능하게 할 것이다.

02 최고의 영어 선생님은?

영어 습득의 세 가지 법칙

다른 사람과 어울려서 하는 운동처럼 영어공부는 혼자 하는 것보다 누군가와 함께하는 것이 효과적이다. 이때 선생님의 역할이 무엇보다 중요하다.

영어 선생님은 원어민처럼 영어로 말하면서 학생들에게 영어를 가르칠 필요가 없다. 다음 세 가지 법칙을 잘 이해하고 학생을 잘 훈련시키는 선생님이 좋은 영어 선생님이다.

1) 영어는 운동 훈련이다.

매일 한 시간씩 소리단어를 귀로 듣는 운동을 해야 한다.

매일 한 시간씩 소리 내어 입으로 흉내 내면서 떠드는 운동을 해야 한다. 단어든 문장이든 상관없다. 소리 내어 떠드는 것이 중요하다. 매일 운동하면 운동효과가 생긴다. 이것이 제1법칙이다.

2) 생각하면 안 된다.(영어는 머리로 배우는 것이 아니라 귀와 입으로 배우는 것이다.)

누가 운동을 생각하며 하는가? 누가 말을 들으며 생각하는가? 누가 책을 읽으며 생각하는가?

말은 들으면서 알아듣고, 책은 읽으면서 느낀다. 사고학습이 아니기 때문에 절대로 생각하면 안 된다. 생각하기 시작하면 물이 흐르기 쉬운 쪽으로 흘러가듯이 사고학습으로 흘러가 버린다. 무조건 운동처럼 반복해서 듣고 떠들면서 알아들어야 한다. 이것이 제2법칙이다.

3) 운동은 사고보다 힘들고 귀찮은 것이다.

영어 선생님은 이 세 번째를 잘 이해하고 있어야 한다. 운동 훈련은 실제로 사고 행위보다 귀찮고 힘든 것이다. 우리는 운동 훈련을 쉬운 것으로 생각할 수 있지만 그렇지 않다.

태권도장에 몇 년 동안 매일 나가서 훈련하는 사람은 굉장한 끈기를 가진 사람이다. 몸을 매일 움직여 같은 운동을 숙련시키는 것은 굉장히 부지런해야 한다. 혼자서는 그 부지런함을 유지하기가 쉽지 않다.

영어 선생님은 학생들의 이 부분을 도와주어야 한다. 훌륭한 영어 선생님은 원어민처럼 능숙한 영어실력이 있는 사람이 아니라 이 점을 잘 이해하고 학생들의 영어 훈련을 이끌어주는 사람이다. 사실 이 운동 훈련이 어렵기 때문에 2번처럼 사고학습으로 자꾸 되돌아가는 것이다. 선생님은 이러한 현상을 막아주어야 한다. 이것이 제3법칙이다.

영어 선생님과 영어 훈련 프로그램

지금 우리나라에서 영어를 가르치는 선생님들의 가장 큰 고민은 영어를 자유롭게 들으면서 이해하지 못한다는 것과 자유롭게 말하지 못한다는 것이라고 생각한다. 10년 이상 영어를 가르쳤는데 이 문제가 영어 선생님들의 가장 큰 고민이라면 이것은 우리 모두의 고민이기도 하다. 이것은 단지 선생님의 문제도 아니고, 학생들의 문제도 아니다. 선생님도 열심히 가르치고 학생도 열심히 공부하는 데도 불구하고 이런 문제들이 발생한다면 그것은 결국 시스템 문제에 해당된다.

자동차나 항공기 등에서 시스템 에러가 발생하면 각 부품요소들이 부지런히 작동해도 시스템의 성능이 효율적으로 나오지 않고, 오히려 요소들의 과다한 마모와 피로효과로 인해 부품과 시스템이 손상되거나 효율이 떨어지는 현상과 같다.

영어 학습이 수학이나 과학과 같은 사고학습이 아니고 수영이나 태권도 같은 운동학습임에도 모두가 사고학습으로 여기기 때문에 생기는 일이다.

이 책을 쓰는 최종의 목적은 우리나라에서 초등학교, 중학교, 고등학교의 교육을 받은 사람은 누구나 빠짐없이 영어를 자유롭게 듣고, 말하고, 읽고, 쓰게 만들기 위함이다.

이를 실현시키기 위해서는 다음 세 가지를 기본으로 하는 영어 훈련 프로그램이 요구된다. 그리고 이 프로그램이 모든 학교와 교육기관에서 시행되어야 한다. 그것이 5~6년의 짧은 기간에 모든 학생들로 하여금 차별 없이 동일한 수준으로 영어를 구사할 수 있게 하는 최적의 방법이다.

하나, 학생들 모두가 영어 학습이 매일 반복적으로 훈련해야 하는 운동학습이라는 것을 잊지 말아야 한다. 운동 훈련은 혼자서도 할 수 있지만 누군가와 함께 하면 훨씬 재미있고 지루하지 않게 할 수 있다.

둘, 운동 훈련을 지도해 줄 코치 선생님이 필요하다. 즉, 매일 빠짐없이 격려하고 훈련시키면서 지도해 줄 선생님이 필요하다. 훈련 감독 선생님은 운동 동작을 시범으로 보일 수 있거나 학생들과 함께 동작하면서 가르칠 수 있으면 좋겠지만 반드시 그러지 않아도 된다.

왜냐하면 셋에서 설명하게 될 IT 기술과 접목된 훈련 프로그램이 있기 때문이다. 이 프로그램에 따라 학생들이 영어운동을 잘 훈련하도록 코치하면 된다. 학교 선생님들의 경우 학생들에게 운동 훈련 프로그램을 지도하다 보면 학생들과 함께 조금씩 운동하게 된다.

때문에 이 프로그램으로 학생들을 지도하는 학교의 영어 선생님들은 5년, 10년 영어를 가르치고도 영어를 자유롭게 알아 듣지 못하거나 자유롭게 말하지 못하는 경우는 결코 발생하지 않는다. 선생님들이 학생들을 몇 년간 가르치다 보면 영어운동에 익숙해져서 잘 듣고 말하게 된다. 따라서 영어 선생님 스스로 더 나은 다양한 훈련 프로그램을 짤 수도 있다.

셋, IT 기술과 접목해서 개발된 영어운동 훈련을 시키는 체계적인 교육 프로그램이 있어야 한다.

세 번째의 영어운동 훈련 프로그램이 있느냐 없느냐가 모든 것을 좌우한다. 이 훈련 프로그램은 다시 다음 세 가지로 집약된다.

① 소리로 된 단어를 빠르게 훈련 기억시키는 프로그램이 있어야 한다(본 책의 부록으로 영어단어 기억훈련 프로그램 VocaPod(보카팟) 단어장과 CD 제공). 이것은 영어의 소리단어를 모국어 단어 네트워크에 빠르게 동체화시키는 방법을 말한다.

② 소리로 된 단어를 글자로 된 단어와 연결시켜 기억시키는 프로그램이 필요하다. 이것은 영어의 글자단어를 단어 네트워크에 동체화시키는 방법을 말한다.

③ 단어를 배열하여 영어문장을 구성하는 방법을 훈련시키는 프로그램이 필요하다.

이 세 가지를 모두 충족시킬 수 있는 것이 바로 소리단어를 이용한 신개념 영어단어 기억훈련 프로그램 VocaPod이다.

실제로 ②, ③은 보다 다양한 방법으로 개발될 수 있다. 그러나 소리단어를 뇌 속에 기억시키는 ①의 방법에서는 부록 CD에 제공된 보카팟이 현재뿐만 아니라 뇌 과학이 기억에 대한 혁명적인 외과적 방법을 개발하기 전까지는 최선의 방법이 될 것이다.

한국에서 아이가 태어나서 한국어를 배울 때 아이들에게 최고의 한국어 선생님은 누구일까? 이것은 모국어를 배울 때 최고의 선생님이 누구인가라는 물음과 같다. 모든 사람들은 이 질문에 '엄마'라고 이의 없이 답한다. 왜 그럴까? 그것은 직관적 경험으로 인해 모두가 비슷한 답을 내렸기 때문이다. 그리고 그 답은 틀리지 않다.

그러나 논리적인 답을 찾는다면 만만치 않다. 서울, 부산, 광주 세 도시를 잇는 고속도로를 만들려고 할 경우 고속도로를 몇 개 건설해야 할까? 누구나 직관적으로 '3개'라는 답을 낼 수 있다. 그렇다면 20개의 도시를 각각 연결하는 도로를 만들려면 몇 개의 도로를 건설해야 할까? 이때는 직관적인 답은 도움이 되지 못한다. 논리적으로 접근해야 하기 때문이다.

20개의 도시를 잇는 도로문제와 같이 언어를 배울 때 최고의 선생님에 대한 문제는 논리적으로 접근해야 한다. 〈07. 원어민 교사, 역범주착오〉에서 영어교육 완성의 조건 집합에 대하여 말했다. 학생 카테고리, 프로그램 카테고리, 환경 카테고리, 교사 카테고리가 결합되어 교육의 결과가 이루어진다고 했다.

태어나서 모국어를 배울 때는 환경 카테고리가 지배적으로 작용한다. 이때 교사 카테고리에서 최적의 교사는 엄마가 된다. 학생 카테고리는 한 명의 유아가 되고, 프로그램 카테고리는 엄마가 사용하는 모국어 자체가 된다.

흔히들 이 경우에 특별한 프로그램이 없다고 생각할 수 있지만 사실 그렇지 않다. 엄마의 모국어 사용을 프로그램으로 보아야 한다. 수학에서 '없다'는 개념의 기호를 굳이 '0'으로 만들었고, 그로부터 수학이 완벽한 언어가 되었듯이, 엄마의 모국어 사용을 프로그램 카테고리 안의 하나의 프로그램으로 보아야 한다. 그래야 논리가 진행되고 확장된다.

환경 카테고리는 엄마가 집에서 아이를 재우고 먹이고 닦아주고 씻어주는 모든 환경이 된다. 이러한 이유와 카테고리 안의 여러 성분들의 조합을 볼 때 위의 질문의 답은 '엄마'가 된다.

마찬가지로 위의 ①, ②, ③의 영어습득 훈련 프로그램이 있다면 아이들에게 최고의 영어 선생님은 누가 될 수 있을까?

영어는 운동 훈련이고, 생각할 필요가 있는 것이 아니며, 운동은 힘들고 귀찮은 것이라는 법칙이 성립한다면, 그리고 운동 훈련을 시키는 선생님은 세세한 동작을 보여주는 선생님이 아니어도 된다면, 즉, 위의 세 법칙을 잘 이해하고, 훈련 감독에 대한 열정이 있고, 훈련 결과에 대한 성취욕이 운동을 힘들고 귀찮아하는 학생보다 훨씬 크다면, 매일 빠짐없이 하루에 1시간씩 훈련할 수 있는 환경이 필요하다면, 교사 카테고리 안에서 이런 조건들이 만족되는 최고의 선생님은 바로 '엄마'다. 대한민국 엄마들의 자녀에 대한 성취욕과 교육열은 미국의 오바마 대통령과 전 세계가 알고 있지 않은가?

03
문화 때문이다. 문화에 선악이 있을까?

감나라, 코나라 이야기: 지상담병, 지상궁도

종이 위에서 병법을 논하다. 지상담병(紙上談兵)

종이 위에서 활로 화살을 쏘다. 지상궁도(紙上弓道)

백성들이 칼만 사용하는 코나라라고 부르는 나라가 있었다. 옆 나라의 감나라는 활과 화살만을 사용하고 있었다.

코나라는 감나라에 가서 활 쏘는 법을 배워와서 코나라 사람들에게 전파시키고자 했다. 코나라 왕은 몇 사람의 코나라인을 감나라로 보냈다.

유학을 떠난 코나라인들이 감나라에서 활쏘기를 배우는 것은 어렵지 않았다. 감나라는 남녀노소 모든 사람이 활과 화살을 갖고 다니며 사용하기 때문에 어디서든지 쉽게 배울 수 있었다. 어디에나 활과 화살이 있었고, 누구에게든 배워서 활을 쏠 수 있었기 때문이다.

코나라인들은 활쏘기를 모두 배우고 코나라로 돌아왔다. 사람들에게 가르치기 위해서 감나라에서 활과 화살도 가지고 왔다. 그러나 수량이 많지 않아서 몇 사람밖에 가르칠 수 없었다. 다행히 그 몇 사람에게는 가르친 효과가 있었다.

코나라 왕은 활쏘기를 배운 사람들에게 활 쏘는 법을 모든 국민들에게 가르치라고 명령했다. 그러나 활과 화살이 부족했다. 불행하게도 코나라에서는 활과 화살을 만들 수 없었다. 코나라에서는 활과 화살을 만드는 원재료가 나지 않았기 때문이다. 대신 코나라에서는 오직 칼을 만드는 철광석만 생산되었다.

그들은 고민 끝에 자신들이 배웠던 활쏘기 방법을 자세하게 기록해서 전파하기로 결정했다. 그래서 활과 화살이 무슨 재료로 어떻게 만드는지부터 정지된 과녁과 움직이는 과녁을 겨냥할 때의 자세에 이르기까지 활쏘기의 모든 것을 자세하게 기록한 교본을 만들기로 했다.

교본을 잘 만들기 위해 코나라 사람 몇 명이 다시 감나라로 가서 감나라의 책을 참조하기로 했다. 교본에는 수천 개에 이르는 화살의 종류와 사용 시점도 들어 있었다. 어떤 과녁을 겨냥할 때에는 이 화살을 뽑아야 한다, 거리와 바람이 어느 정도면 저 화살을 뽑아 써야 맞는다, 비가 올 때는 어떤 화살을 뽑아야 한다, 비의 세기에 따라서도 화살의 종류가 달라진다 등등. 그들은 이 모든 내용을 책으로 만들어 완성했다. 그것만 잘 공부해서 기억하고 숙지하면 활과 화살을 잘 쏠 수 있을 것이라고 판단한 것이다.

모든 국민을 가르치기 위해서 당연히 많은 선생님이 필요했다. 코나라는 선생님이 될 자질이 충분한 사람들을 선발한 후 교본의 내용을 가르쳤다. 선생님으로서 갖추어야 될 다양한 소양도 가르쳤다. 이렇게 배출된 선생님들은 활과 화살을 쏘는 법에 대하여 교본의 내용을 잘 알고 있었다.

선생님들은 학교에 나가 학생들을 가르쳤다. 모든 국민들이 활과 활쏘기 교본을 배우게 된 것이다. 학교 내에서 학습결과를 평가하는 시험을 볼 때도, 상급학교에 진학할 때도 교본의 내용을 묻는 시험이 출제되었다. 화살의 종류가 수천 개에 달하는데 그 모두의 사용시점과 사용처들이 시험문제의 대상이 되었다. 학생들은 수천 개에 이르는 화살의 사용처들을 암기하고, 시험 문제의 답을 종이 위에 쓰면서 활 쏘는 법을 배웠다.

사람들은 시험성적이 활쏘기 실력이라고 생각하게 되었다. 그래서 시험점수가 늘 사람을 따라다녔다. 누구는 말 타고 달리는 활쏘기 성적이 몇 점이다, 누구는 서서 쏘는 활쏘기 성적이 몇 점이다 등으로. 그런데 그것은 실제로 말을 타고 활을 쏘는 것을 평가한 것이 아니라 교본에 있는 내용을 묻는 시험점수를 말하는 것이었다.

코나라 사람들은 점수가 실제로 과녁을 맞히는 실력인 줄로 믿었다. 그리고 그것으로 사람을 평가했다. 사람을 선별해야 할 필요가 있을 때는 그 점수를 적극적으로 활용했다. 어차피 세상에는 사람을 선별해야 하는 일들이 많기 마련이었다. 코나라 사람들은 그런 경우가 생기면 크게 고민하지 않았다. 그 점수를 요구할 뿐이었다. 점수가 실제 활 쏘는 실력이 아닌 줄 알면서도 어쩔 수 없었다. 유능한 사람을 선별하기 위해서는 어차피 기준이 있어야 하니까, 또는 솔직히 마땅한 다른 선별기준을 찾지도 못하겠고 하니까, 남들이 다 그러니까 등등의 이유는 많았다.

활 쏘는 방법의 시험과 성적은 코나라 학생들에게 너무나 중요한 판가름이 되었다. 누구나 점수를 잘 받기를 원하지만 공부는 쉽지 않았다.

물론 감나라에 가면 활쏘기는 매우 쉬운 일이다. 누구나 밥 먹듯 하는 일이기 때문이다. 어린아이도 때와 장소에 맞게 활을 잘 쏘고 과녁을 정확하게 맞힌다.

그런데 코나라에서는 시험점수를 잘 받는 것이 정말 어려운 일이다. 그래서 학생들은 학교 밖에서 별도로 활쏘는 법을 배운다. 아니 활쏘는 법을 배운다는 말은 잘못 표현된 것이다. 활을 쏘는 방법을 책으로 공부한다는 것이 정확한 표현이다. 교본은 학교의 것과 크게 다르지 않다. 그것도 모두 하나에서 유래된 교본들이므로.

한마디로 정리하면, 코나라 사람들은 활쏘기 법을 교본으로 공부하고 있고, 교본으로 공부한 활쏘기 법을 시험으로 평가하고 있다. 그리고 사람을 선별해야 하는 중요한 때는 그 시험성적을 선별기준으로 활용하고 있다. 참 아이러니한 코나라다.

문화에 선악이 있을까?

책의 말미를
왜 '지상공도'라는
아이들 옛날 얘기 같은
수준의 비유로 맺었는가?

그것은 '문화',
문화 때문이다.

모여 있는 모든 사람들의
보이지 않는 각각의 것들의 모임,
그것의 흐름, 문화.

문화가
우리 모두의 삶이요, 힘이요, 미래다.
경제이고, 교육이고, 삶의 효율이다.
그리고 모든 현재적, 미래적 능력이다.

문화에는 선악이 없다.
문화에는 시비가 없다.
보다 나은 미래가 있거나
보다 못한 미래가 있을 뿐이다.
개인과 집단을 막론하고 그러하다.

문화에는 좋고 나쁜 것이 없다.
오직, 흥망성쇠만 있을 뿐이다.

지상궁도,
이 비유가 지나친 비유인가?
흥망성쇠,
이 비약이 지나친 비약인가?

후기

이 책은 10여 년 전 미국에서 공부할 때 느꼈던 언어에 대한 생각들을 곰삭혀 2009년에야 탈고한 것이다. 2009년은 내 생애에 있어 가장 잔인하고 지루한 시간이었다. 그러나 나는 형벌처럼 다가오는 가혹한 시간에 무엇을 하지 않으면 배길 수가 없었다. 벼랑 끝에 서 본 사람만이 절벽 깊이의 아찔함을 알 듯, 자신이 처절하게 부서진 후에야 삶 앞에 절실함이 무엇인지 안다. 절실함은 황무지에 버려진 하이에나처럼 스스로 일어서게 하는 초인적인 힘을 발휘한다. 어쩌면 외롭고 지루한 이 싸움에서 내가 졌다면 이 책은 세상의 빛을 보지 못하고 사그라졌을 것이다. 끈질긴 생명력은 엄동설한이 지난 후에야 제 가치를 안다. 나는 이 책이 내 생명력처럼 끈질기고, 오래오래 살아남으리라 믿는다.

나는 기계공학을 전공하였다. 기계공학은 응용물리학의 한 분야로 물리학적으로 밝혀낸 자연의 이치를 실제에 응용하는 학문이다. 혹자는 '기계공학자가 무슨 언어에 대하여' 또는 '그것이 가능할까' 하며 전문성과 신뢰성에서 의문을 가질 수 있겠으나 응용물리학을 공부하였기 때문에 나는 이 책을 쓰면서 전혀 두려움이 없었다.

현재 우리는 학문의 통합과 융합의 시대에 살고 있다. 서구의 르네상스 시대 이후 거리감이 있었던 학계간의 경계를 허물고 통합 학문의 시대가 열린 것이다. 예술이 과학과 경계가 없어지고, 생물학과 공학이 소통하는 통합 학문이 현실로 다가온 것이다. '기계공학자가 무슨 언어학에 관한 책을?'이라는 생각은 통섭의 시대에 뒤떨어진 사고라 생각한다. 이제 우리는 다양한 가치를 결합해 새롭고 창조적인 것을 만들어야 한다.

1997년 MIT 기계과에서 나는 세계 최초로 발견된 '솔리터리 웨이브(solitary wave)현상에 대한 실험을 하고 있었다. 크랜달(S. H. Crandall) 교수는 세계적으로 유명한 학자였고, 중요한 실험을 나에게 맡기신 분이셨다. 당시 MIT 인지과학 강의에 관심을 갖고 있던 나는 크랜달 교수에게 실험을 밤을 새워 잘 할 테니 낮에는 자유롭게 인지과학 강의를 들어도 되겠냐고 물었다. 그의 답변은 정말 의외였다. "네 생각은 매우 훌륭하다. 학문을 할 때 여러 분야를 두루 통찰하는 것이 매우 중요하며, 새로운 것은 그런 학문 자세에서 나오는 것이다. 가서 자유롭게 듣고 열심히 생각하라. 단, 실험 또한 열심히 하라." 그때부터 나는 이 책을 기획하게 되었다. 그 후 나는 MIT에서 실험한 연구를 크랜달 교수에게 논문으로 제출하였으며, 인지과학에 관한 좋은 강의를 듣고 한국으로 돌아왔다.

이 책의 내용에 현학적인 옷을 입혀 몇 편의 학술논문으로 발표할 수도 있었지만 나는 그 길을 선택하지 않았다. 오히려 학술적인 옷을 될 수 있는 대로 모두 벗겨버렸다. 중요한 그 무엇을 곧바로 대중에게 전하고 싶어서였다. 그런 이유로 모든 사람들이 곧바로 만지고 보고 느낄 수 있도록 책이라는 매체를 선택하였다. 이 책이 영어로 먼저 출판되었다면 하는 아쉬움이 있지만 언젠가 그 아쉬움도 채워지리라 여겨진다.

북스힐 출판사의 조승식 사장님은 이 책과 나에게 특별한 분이다. 좋은 책을 펴내려는 열정도 남다르지만 책을 펴낼 때 한 권 한 권에 쏟는 정성도 옆에서 보는 이로 하여금 경외심을 불러일으킨다. 그런 그 분이 아니었다면 이 책도 나도 지금 세상에 존재하지 않을지 모른다. 마음 깊이 감사드리고, 결초보은할 것이며, 꼭 그렇게 될 것이다.

2011. 1. 11

무상 최 종 근

지은이 **최종근**

한양대학교 공학박사(기계공학 전공)
고등기술연구원 선임연구원
미국 MIT 기계과 객원연구원
한국산업기술대학교 교수(2017~현재)

논단: 「과학의 허와 실」(과학사상)
저서: 『해석재료역학』,
『CAE 엔지니어를 위한 구조해석 유한요소법』

뇌 속에 팍 꽂히는 소리단어 보카팟

지은이 • 최 종 근
발행인 • 조 승 식
발행처 • (주) 도서출판 북스힐
등록 • 제22-457호
주소 • 01043 서울시 강북구 한천로153길 17
www.bookshill.com
E-mail • bookshill@bookshill.com
전화 • 02-994-0071
팩스 • 02-994-0073

2011년 3월 5일 1판 1쇄 발행
2017년 9월 5일 1판 2쇄 발행

값 12,000원

ISBN 978-89-5526-731-0